SUDA Toshiko
須田敏子
［著］

組織行動
Organizational Behavior
Theory and Practice
理論と実践

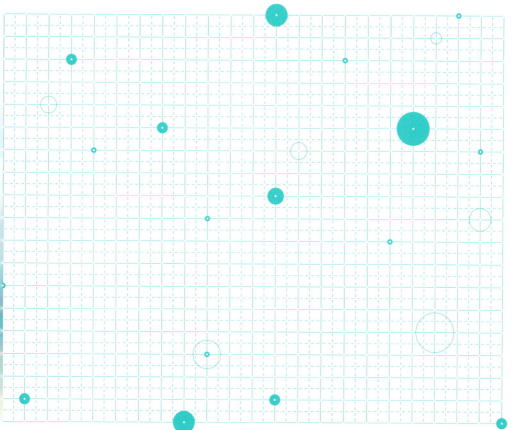

NTT出版

組織行動
理論と実践

目次

序章　組織行動とは何か 001

1. 組織行動とはどんな学問か 001
2. 組織行動の学問的な概要 003
3. 経営学と組織行動の起源 006
4. 本書の意義と構成 009

第1章　個人の違い・個人の心理的特性 013

1. 認知 013
2. 態度——職務満足 019
3. パーソナリティ 026

第2章　モチベーション 037

1. モチベーション理論の概要 037
2. モチベーション理論——内容理論 040
3. モチベーション理論——過程理論 050
4. 職務特性理論 058
5. モチベーション理論の多様性 060

第3章 モチベーション理論の実践 ……… 063

1 ● パフォーマンス・マネジメントの展開 063
2 ● パフォーマンスとは何か 065
3 ● パフォーマンス・マネジメントとモチベーション理論の関係 068
4 ● パフォーマンス・マネジメントの実践方法 069

第4章 日本型人材マネジメントの特色と変化 ……… 073

1 ● 労働市場の階層性 073
2 ● 正社員に対する伝統的日本型人材マネジメント 077
3 ● 大企業の人材マネジメント戦略 089
4 ● 変化する日本型人材マネジメント 091

第5章 欧米型人材マネジメントの特色 ……… 097

1 ● 同一労働同一賃金を実現する人材マネジメント 097
2 ● 外部人材調達・職種別・職務別採用間の補完性 098
3 ● 人材育成・選抜・異動施策間の補完性 099
4 ● 職務ベースの社員等級 101
5 ● 職務ベースの賃金決定 104
6 ● 職務主義・成果主義・現価主義間の補完性 110
7 ● 成果主義・現価主義・外部人材調達間の補完性 111
8 ● 分権的人事管理との補完性 112

第 6 章 個人と組織の複雑な関係 …… 115

1. 心理的契約 115
2. 組織コミットメント 123
3. ワークストレス 130

第 7 章 キャリア理論 …… 139

1. キャリアと関連領域との関係 139
2. ホランドの六角形モデル 141
3. キャリア・アンカー 145
4. ライフステージ（年齢段階）に応じたキャリア発達論 148
5. キャリア・コーン 154
6. 「トランジション（転機）」に注目した理論 157
7. キャリアの変遷 162

第 8 章 リーダーシップ …… 167

1. リーダーシップに関する概要 167
2. リーダーシップ理論——4タイプの理論分類 170
3. 特性理論 171
4. 行動理論 173
5. 条件適合理論 178
6. 変革重視のリーダーシップ理論 190

第9章 組織文化・組織変革 195

1 組織文化とは何か 195
2 強い組織文化を作り出す要素 197
3 組織文化の3つのレベル 198
4 組織文化の下位構造 202
5 近年の組織文化論 203
6 組織文化の変革への抵抗 204
7 組織変革——8段階のプロセス 205

第10章 グループ・ビヘイビア 211

1 グループ 211
2 チーム 221
3 コンフリクト 224

あとがき 231

参考文献 235

序章

組織行動とは何か

1　組織行動とはどんな学問か

　「組織行動」と聞いて、その内容についてピンとくる読者の方は少ないだろう。筆者はビジネススクールで多くのビジネスパーソンを対象に、組織行動の授業を行っているが、最初の授業で「組織行動という言葉を聞いたことがありますか？その内容をご存じですか？」と尋ねることにしている。しかしこの質問に答えられる人はほとんどいない。そこで、「組織行動で扱うのは、モチベーションやリーダーシップです」というと、多くの人が、ああそれなら知っている、という表情になる。

　モチベーションやリーダーシップが多くのビジネスパーソンにとって身近であるのに対し、組織行動という言葉がほとんど知られていないのは、これが英語のOrganizational Behaviorの直訳であるためであろう。Organizational Behavior、つまり、組織行動は英語圏では広く普及した用語であり、略して「OB」と呼ばれることが多い。MBAでは必修科目とする大学が多く、特に海外でMBAを取得してきた人にとってはよく知られた科目である。日本では「組織心理」や「ミクロ組織論」という名称でこの分野について授業を

行っている大学もあり、商学部・経営学部・社会学部などの社会科学系の学部がその対象となる。これらを総称して「組織行動系科目」と呼ぶが、キャリア教育やビジネスリテラシー教育への関心の高まりとともに、一般教養科目などを通じて、日本でも幅広い学部の学生に普及しつつある。

　次に、組織行動という学問領域の目指す目的について考えてみよう。ここでは組織行動の代表的テキストとされる2つの著書に記載された定義から探っていくこととする。その1つは「組織の中で起こるさまざまな人間行動を科学的に理解する学問」（金井壽宏・高橋潔著『組織行動の考え方』）という理解であり、もう1つは「組織内で人々が示す行動や態度についての体系的な学問」（スティーブン・ロビンス著『組織行動のマネジメント』）という理解である。表現は異なるものの、この2つの定義に共通するところは大きい。

　わかりやすく言えば、組織行動の目的は、組織で働いている人の行動や考え方を理解することである。組織で働く人とはあなた自身、あるいは上司や同僚、部下など、職場で一緒に働く人のことである。仕事をスムーズに進めるには、同じ職場で働く人たちが何を考え、どのように行動しているのかを正しく理解する必要がある。実際これらは私たちが日々実践していること、あるいは実践しようとしていることでもある。

　具体的には、あの上司は気難しいところがあるから、なるべく機嫌のよいときに企画の相談をしてみよう、あの部下は気の弱いところがあるから、話しかけるときには、リラックスした雰囲気づくりを心がけよう、といったことだ。これらは相手の気持ちを理解し、スムーズに仕事が運ぶように努めることでもある。働くとはこうした作業の日々の積み重ねであることは、働いた経験のある人なら納得していただけるだろう。そして、相手の気持ちを正しく理解できる人ほど仕事のパフォーマンスも高い。

　このように私たちが日々職場で行っていることを、体系的・科学的に理解し、その成果を向上させようというのが組織行動の目的である。体系的・科学的に理解するとは、理論や研究を学び、その知識に基づいて職場で出会う人たちへの理解度を高めていくことだ。言い換えると、相手の気持ちや考え方、反応に対する予測的中確率を上げていくことでもある。以下に具体的な例を挙げてみよう。

- 部下の優れた行動に対して褒めたつもりでも、部下は褒められたことに気づかないかもしれない。部下を褒めるときにはその行動の直後に具体的な行動内容を示して褒めるようにしよう。
- 目標達成に対する部下のモチベーション向上には目標設定への合意や参画が必要であるため、目標設定面談を実施して部下の意見をよく聞いてみよう。
- A君は仕事経験が豊富で職務遂行に関しては十分な能力を有しているが、気が弱く自信のないところがあるから、細かく指示はせず、高配慮型のリーダーシップスタイルで接することにしよう。
- パート社員の仕事内容は定型的なものが多く、仕事に飽きてモチベーションが低下する危険性があるから、業務改善に関する提案スキームを導入するなど、参画型にすることでモチベーション向上を図ろう。
- 現場で意思決定権をもつラインマネジャーと違い、プロジェクトリーダーは予算や人事などの権限が弱いため、プロジェクトリーダーに対しては、ラインマネジャー以上に状況を見守っていこう。
- ワークキャリアを細かくデザインしすぎると、柔軟性が失われて思わぬチャンスを見過ごしてしまう可能性があるため、キャリアの方向性を決める以外はその場の流れにまかせてみよう。

これらはすべて、組織行動の理論や研究結果に基づく考え方や行動事例である。このように、組織行動は職場での応用性や実践性が非常に高い領域と言える。

2 │ 組織行動の学問的な概要

次にもう少し学問的見地から、この組織行動について考えてみよう。組織行動は言うまでもなく経営学に属する学問である。経営学は、19世紀後半

図表 序-1 組織行動の概要

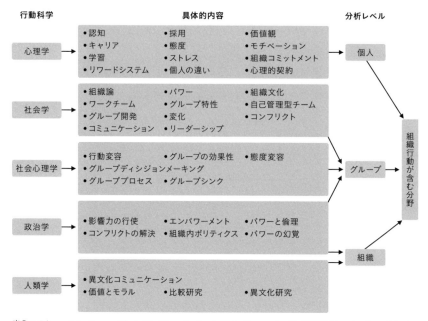

出典：Gibson, J, L., Ivancevich, J, M., Donnelly, Jr., J, H. & Konopaske, R. (2012) *Organizations: Behavior, Structure, Processes* (14th ed.), McGraw-Hillをもとに修正

の第2次産業革命による重工業化がもたらした技術革新に伴い、大規模な工場や組織の出現とともに発展してきた。大規模組織における人・モノ・カネなどのマネジメントが必要となったことから生じた分野であり、経済学や社会学、政治学などの社会科学分野に比べると、比較的新しい学問と言える。そのため、経営学はそれ以前から進められてきた他の多くの社会科学分野の影響を受けて、研究や理論化が行われてきた。

このように経営学全体としても他の社会科学分野の影響を受けているが、組織で働く人たちの考え方や行動の理解を目的とする組織行動は、特に人間の心理・行動を科学的に理解する「行動科学」と呼ばれる学問分野の影響を強く受けている。以下に各学問領域について具体的に概観する。

図表序-2　組織科学の4つの領域

	ミクロ	マクロ
理論	組織行動	組織論
応用	人材マネジメント	組織開発

出典：Vecchio, R, P. (2003) *Organizational Behavior: Core Concepts* (5th ed.), Thomson Learningをもとに作成

心理学：人間や動物の行動を分析・説明する。時には行動変容も対象とし、その要因やプロセスなどを研究する。

社会学：社会のさまざまな集団における個人間の相互関係を研究する。

社会心理学：心理学と社会学を融合した学問領域であり、社会の中で個人がお互いに影響を与えあうメカニズムに焦点をあてる傾向がある。

政治学：政治的なフレームワークの中での個人やグループの行動を分析・研究する。

人類学：異なる文化や状況の中で、人々はどのように価値観や態度、行動を醸成させるかに関して社会と人との関係を研究する。

　これらの学問領域から影響を受けてきた組織行動は、個人による違いやモチベーション、ストレス、パワー、リーダーシップ、グループ、コミュニケーション、コンフリクト、組織文化など非常に多岐にわたる内容を含み、その分析レベルは、組織の中の個人、組織の中のグループ、組織それ自体の3つに大別される（**図表序-1**）。

　なお、3つに大別されるといっても、組織行動において中心となるのは主に組織の中の個人とグループであり、組織内での小さな単位に焦点をあてていることから、組織行動は「ミクロ組織論」と呼ばれることもある。これに対して、分析の単位として組織それ自体に焦点をあて、組織の目的や戦略、構造などを探究するのが「組織論」である。さらに組織論では組織を超えた組織間関係なども分析対象としている。このように組織論は、組織行動より大きな単位に焦点をあてて分析を行うため、組織行動を「ミクロ組織論」と

呼ぶのに対し、組織論は「マクロ組織論」と呼ばれることが多い。この組織行動と組織論の関係を表したのが**図表序-2**である。

図表序-2の縦軸は、理論・応用軸である。組織行動と組織論は理論・応用軸においては理論側にあたり、応用側には人材マネジメント、組織開発などがある。組織行動では個人による違いやモチベーション、グループ、リーダーシップなど、組織内で発生する個人やグループなどの行動に関する理論的探究が主な対象となる。こうした理論探究を通じて明らかになった組織内の個人やグループの行動原則・特性などを応用し、どのようにして必要な人材を採用し組織に定着させるか、組織構成員のモチベーションを上げるか、という実践に結びつけるのが人材マネジメントということになる。

一方、組織開発は組織の変革成功を目指して新たな施策を導入していく活動であり、多くの場合、組織論研究で明らかになったマクロ的視点に立つさまざまな理論が活用される。

3 経営学と組織行動の起源

このように、経営学は第2次産業革命がもたらした大規模組織の誕生とともに発展してきた。経営学の初期の理論としてよく挙げられるのが、フレデリック・テイラーの「科学的管理法」である。鉄鋼会社の機械工学技士であったテイラーは20世紀初頭、現場労働者の作業効率向上を目指し、労働者を客観的・科学的に管理する方法として、科学的管理法を提案した。そのおもな内容は、①業務の細分化による担当業務の専門化、②業務の標準化と、労働者個人の標準作業量および職務内容の明確化、③計画者（管理者）と実行者（作業員）の分離、④目標達成度にあわせた差別的出来高給の導入、の4つであり、これらを通じて作業効率や生産性を向上させようというのが科学的管理法の目的である。

このうち、①業務の細分化による専門化は、アダム・スミスが『国富論』で主張したことでも知られているが、テイラーの科学的管理法の内容は、そ

の後、長期間にわたりアメリカ型経営の特色として引き継がれていく。

　科学的管理法においては労働者の働く目的は報酬を得ることであり、職場の人間関係や仕事の面白さややりがいなど、労働者の仕事に対する考えや感情などは考慮されていない。科学的管理法の人間モデルが「経済人モデル」と言われる理由はここにある。またこの時代は、労働者の生産性が低下する原因は疲れ（Fatigue）にあるとして、疲れに関する研究が盛んに行われた。当初は人間の疲れと生産性との関係を調査する目的でスタートし、後の経営学に大きな影響を与えたホーソン研究が実施されたのもこのころである。

　このホーソン研究とは、1924年から32年にかけてシカゴにあるウェスタン・エレクトリック社のホーソン工場で行われた研究である。当初は同社幹部によって実施されていたが、後にエルトン・メイヨーを中心とするハーバード大学の研究者との共同研究となったこのホーソン研究は、第1段階：照明実験、第2段階：継電器組み立て実験、第3段階：監督者・作業員などへのインタビュー、第4段階：バンク捲線実験の4段階からなる。本書ではこのうち特に重要な、第2段階の継電器組み立て実験と、第4段階のバンク捲線実験2つに焦点をあてる。

　第2段階の「継電器組み立て実験」は、第1段階の照明実験で照明と生産性との関係を見出せなかったため、作業員をより綿密に観察することを目的に実施された。その方法は、継電器の組み立てにあたる複数の女性グループの中から1グループを選んで別の部屋に隔離し、ハーバード大学の研究者が行動観察を行うというものだ。この継電器組み立て実験は、数年にわたって実施されたが、その間、この女性グループの生産性は着実に向上していき、欠勤・病欠日数は他のグループをはるかに下回るものとなった。この実験に参加したメンバーへのインタビューから明らかになったのは、自分たちは多くのグループの中から選ばれた特別な存在であり、他人の注目を集めているというグループメンバーの意識が、欠勤率低下や生産性向上の主要因になっているということであった。職場の雰囲気や作業員の意識・感情が直接的に生産性に結びつくという新たな発見がなされたのである。

　第4段階の「バンク捲線実験」では、男性作業員グループが対象となった。バンク捲線作業に就く男性作業員グループの中から、継電器組み立て実験と

同様に1グループを選んで別の部屋に隔離し、観察が行われた。当時、バンク捲線作業を行う男性作業員グループには、生産性向上を目的として、グループごとの生産高に即した差別的出来高給が導入されていた。だが、期待に反して各グループの生産性にはほとんど変化は見られなかった。観察を始めてすぐに明らかになったのが、作業員1人当たりの出来高は毎日同じ6600ユニットであり、1日の出来高が6600ユニットを超えそうになると、作業員たちは作業スピードを落とし、1日の出来高が6600ユニットになるように調整していたという事実であった。

つまり、グループの中で1日の出来高についてインフォーマルなルールが作られており、グループメンバーたちはそのルールに従って行動していたのである。もちろん、作業員の中には1日6600ユニット以上生産できる作業員もいたが、6600ユニット以上生産してしまうと、他のグループメンバーからの批判の対象となってしまう。生産性の高い作業員はしばしば「スピードキング」「カンパニーマン」などと呼ばれて仲間の攻撃対象となっていた。逆に生産性が低すぎてもグループの仲間に迷惑をかけることなり、批判の対象となる。つまり、生産性が高すぎる優等生にも低すぎる落ちこぼれにもなってはいけないという状況で、グループ全体としては実際の能力をはるかに下回る働きをするようになっていた。もちろん、グループメンバー間で起きたことを監督に密告してはならないというインフォーマルなルールがあり、グループ内の状況は会社側が把握できない状況にあった。

バンク捲線実験からは、作業員たちはグループ独自の非公式な規範を作り、それに準じて行動していたことが明らかになった。継電器組み立て実験も含め、ホーソン研究の結果が示すのは、職場の人間関係や雰囲気が生産性にとっていかに重要かという事実である。

以上のように、ホーソン研究をきっかけに働く人の意識や感情、職場の人間関係や雰囲気のもつ重要性が認識され、その後、組織内の人間行動を科学的・体系的に分析する組織行動が発展していくこととなる。

「組織行動」という名称の生みの親が、メイヨーとともにホーソン研究に参加したハーバード大学教授のフリッツ・レスリスバーガーであるという事実からも、組織行動学のルーツはこのホーソン研究にあることがうかがえる。

なお、ホーソン研究における人間モデルは、人は報酬を得るために働くという経済人モデルではなく、組織内の雰囲気や人間関係が生産性に影響を与えるという社会人モデルであった。

4 本書の意義と構成

ここまで概観してきたように、組織行動は、どんな会社に就職するか、あるいはどんな職種に就くかといったキャリアルートに関係なく、すべての働く人にとって必要な学問である。海外の多くのビジネススクールのMBAコースで組織行動が必修科目となっているのも、キャリアの成功に組織行動分野の知識と実践は不可欠と考えられているからである。

ぜひ多くのビジネスパーソンに本書を手に取っていただき、実際に職場で役立てていただければと願っている。MBAで学ぶ社会人学生の方々には、MBA科目の特色をより有効に活用していただくための副読本となれば幸いである。また、大学生の皆さんにも、将来就職先で遭遇するであろうさまざまな人間関係に備え、「先んずれば人を制す」の精神で、組織行動の知識を身につけていただきたい。

組織行動分野に関する基本的理解と応用力・実践力の強化を目指し、本書は以下の10章で構成する。

第1章　個人の違い・個人の心理的特性：組織行動目的である組織における人間理解の前提となるのが、個人による違いを知ることである。第1章では、認知・態度・パーソナリティの3つの要因から、心理面で人はなぜ個々に異なるのかを探っていく。なお、態度では職務満足に焦点をあてる。

第2章　モチベーション：組織にとって何よりも重要なのはメンバーのパフォーマンス向上であり、個人のパフォーマンスの向上に心理的に直接影響を与えるモチベーションは、組織の重要課題である。本章ではモチベーションに関する代表的理論の紹介を通じ、モチベーションの基本理解を目指す。

第3章　モチベーション理論の実践：モチベーションの代表的理論を知っ

たうえで、実際に日々のマネジメントにいかにしてモチベーション理論を活かしていくか。その具体的方法を知るために、多くの組織で展開されているパフォーマンス・マネジメントを紹介する。

第4章　**日本型人材マネジメントの特色と変化**：新卒一括採用、年次管理、人ベースの処遇体系など、世界的に見るときわめてユニークな特色をもつ日本型人材マネジメントの特色を説明する。さらに、これまで有効に機能してきた日本型人材マネジメントが、環境変化に伴って変革を迫られている現状も明らかにする。

第5章　**欧米型人材マネジメントの特色**：日本型人材マネジメントとはまったく異なる手法で公平感とモチベーションを実現する欧米型人材マネジメントは、日本が目指す同一労働同一賃金を実現するために有効な方法である。ここでは日本型人材マネジメントの変化の方向性にある欧米型人材マネジメントの特色を紹介する。

第6章　**個人と組織の複雑な関係**：組織と個人の関係は実に複雑であり、さまざまな研究が行なわれている。本章では、心理的契約、組織コミットメント、ワークストレスの3つを取り上げ、代表的研究を紹介する。

第7章　**キャリア理論**：どんなに組織が成功・繁栄しても、個人が不幸では意味がない。本章では個人の人生設計（ライフキャリア）と職業人生（ワークキャリア）の両方から、成功するキャリア実現のための代表的な理論を紹介する。

第8章　**リーダーシップ**：組織と個人の成功にとってリーダーシップは不可欠であるが、実現は難しい。リーダーシップに関する書籍や雑誌が刊行され続けるのはその証であり、実現困難であるからこそ永遠の課題なのである。本章ではリーダーシップに関する代表的理論の基礎理解を目指す。

第9章　**組織文化・組織変革**：「第5の経営資源」と言われ、組織パフォーマンスに大きな影響を与える組織文化について、古典的研究から近年の動向まで、代表的なものを取り上げる。また、激しい環境変化とともに重要性を増す組織変革の実践方法として、コッターの「組織変革の8段階のプロセス」について解説する。

第10章　**グループ・ビヘイビア**：グループに関する基本的概念やグループ

が有する問題、グループデシジョンメーキングの特色など、グループに関する代表的研究を紹介する。さらに、グループ内あるいはグループ間で発生しやすいコンフリクトを取り上げ、その基本的特性について解説する。

第 **1** 章

個人の違い・個人の心理的特性

　人は同じ環境にいても、各人の特性によって対応のしかたが異なってくる。そのため、同じ組織に属していても個々人の考え方や行動が異なり、職場での相互理解が難しくなる。個人の特性には、スキルや知識、体力などの面もあるが、本書では主に心理面の特性に焦点をあて、その具体的内容として、認知、態度、パーソナリティの3点を取り上げることにしたい。

1 認知

1-1 認知とは何か

　「認知 (Perception)」とは、個人が感覚を通して得た環境に対する印象を解釈して意味を与えていくプロセスで、「知覚」とも呼ばれている。個人は認知を通して環境に意味を与えていくため、同じ環境にいてもどのように環境を解釈し、意味づけるかは人によって異なってくる。つまり万人に一致する現実は存在せず、私たちは自分が得た情報を解釈して、それを現実と呼んでいるのである。

　このように人によって受け取る現実が異なる理由はさまざまだが、1つは、

図表1-1 上司と部下の認知ギャップ

	上司の認識	部下の認識
特権	52%	14%
責任	48%	10%
励まし	82%	13%
賞賛	80%	14%
よりよい仕事をするためのトレーニング	64%	9%
より興味深い仕事の提供	51%	5%

出典：Likert, R. (1961) *New Patterns of Management*, McGraw-Hill（三隅二不二訳『経営の行動科学：新しいマネジメントの探求』1964、ダイヤモンド社）をもとに作成

　人はすべての情報を得ることは難しく、一部の情報から判断することが多いという事実である。たとえば、路上で突然脳梗塞に襲われた人がいても他人にはその理由がわからず、酔っ払っているのかと思って助けようとしない、あるいは強盗に襲われた人が叫び声をあげたが、となりの部屋の人は痴話げんかと思って対応しなかったなど、現実を間違って捉えてしまうことは多い。組織内での意思決定でも、意思決定を行う人たちが常に同じ情報量を持っているケースは少なく、情報量や情報の種類がそれぞれ異なることから、異なる意見を持つのもよくあることだ。M&Aなどの戦略的意思決定に対し、賛成者と反対者が生じるのもこうした理由によることが多い。

　もう1つは、人は立場や状況によって、同じ状況を違うかたちで認知するという事実である。たとえば、上司は部下に権限委譲しているつもりでも、部下は権限委譲などされていないと感じている、といったケースである。また、同じ社員に対しても、ある同僚は、勤勉で仕事熱心だと思っているが、別の同僚は、努力が足りずあまり勤勉ではないと感じることもある。先のM&Aに対する賛否もこうした立場や状況の違いから生じることが少なくない。

　実際に、同じ事象に対する組織内の認知の違いを示す例として、上司と部下の例を**図表1-1**に紹介する。部下が高いパフォーマンスを達成したときに、上司がどの程度部下にリワードを与えていると感じているか、逆に部下がどの程度上司からリワードを与えられていると感じているかについて、比

較したものである。ここでは上司と部下の明らかな認知の違いが示されている。

1-2　代表的な認知バイアス

このように、人はおかれた状況や立場によって異なった解釈をする。その理由の1つが、認知の際に常に生じる「バイアス（ゆがみ）」である。以下に認知バイアスの代表例を紹介する。

(1) 選択的認知・楽観思考

自分の経験や興味、ニーズなどにもとづいて処理する情報を選択・解釈する傾向のこと。たとえば同じ情報に接しても、担当する仕事内容によって選択される情報は違ってくる。同じニュースに接した営業部門と製造部門の社員が異なる対応をみせるなどはこれにあたる。営業部門の社員は自分の経験や知識が生かせる営業分野に関する情報に焦点をあて、製造部門の社員は同様に製造分野に関する情報に焦点をあてる傾向がある。また、人には自分にとって都合のよい情報に焦点をあて、都合の悪い情報を無視するという傾向もある。自分の貢献についてはよく覚えているが、失敗に関してはあまり記憶していないという偏った認知傾向である。

(2) ステレオタイプ

属性によって相手を判断してしまうこと。たとえば、アメリカ人ははっきりものを言うと思い込み、無配慮にずけずけものを言う、女性マネジャーは自己主張が強いと思い込むなどといった例が挙げられる。もっとも、ステレオタイプは悪い面ばかりではなく、属性によって判断することで情報処理を単純化できるというよい面もある。しかし総じてステレオタイプの認知の多くは不正確で問題が多い。

(3) ハロー効果

相手の印象的な個別の特色から全体的な印象を決めてしまうこと。ある面

で高いパフォーマンスを示したので、すべての面で高いパフォーマンスを示すだろうと思ってしまうことなどがこれにあたる。ハロー効果は人事評価でしばしば問題となるが、それは管理者がある社員のある事象に対して抱いたよい印象（あるいは悪い印象）が、その社員の人事評価全体に影響を及ぼしてしまうことがあるためだ。

(4) 投射

相手を判断する際に自分を投射してしまう傾向のこと。相手が自分と同じような考え方をするという前提に立ち、物事を判断してしまうことなどがこれにあたる。

(5) 平均以上効果

人には、自分はグループ内で平均以上の能力を有し、成果を出していると考える傾向がある。これは実際の能力よりも自分を高く評価するために起こる傾向である。この傾向はできの悪い人ほど大きくなる。できの悪い人は自分のどこが劣っているのか自覚できていないケースが多いため、自身が認識しているパフォーマンスと現実の成果の乖離が大きくなるのである。

(6) セルフセービングバイアス（楽観性バイアス）

自分には望ましい出来事が平均以上に発生し、望まない出来事は起こりにくいと楽観的に考える傾向のこと。

1-3　帰属

対人認知が、モノを対象とした認知と性質が異なる側面の1つに、対人認知の場合には、行動をとった相手がなぜそのような行動をとったかを推測することが挙げられる。このように、他者の行動や行動結果からその原因を理解することを「帰属（Attribution）」、帰属に関する理論を「帰属理論」と呼ぶ。帰属理論は、他者の行動を判断するときに、その行動がどのような原因で発生したかを特定するために用いられる。具体的には、他者の行動が内的な要

因（本人がコントロールできる要因）によって発生したか、外的な要因（外部の状況）によって発生したかを決定するが、それは主に以下の3つの要素によってなされる。

(1) 合意性（Consensus）
　ある人物と他の人たちが同じような状況に直面したとしても、その人と他の人たちが同じような行動をとれば、合意性が高い外的要因（状況要因）によってその行動は生じたと判断され、行動が異なれば合意性が低い内的要因（該当者の本人要因）によると判断される。

(2) 弁別性（Distinctiveness）
　ある人物の行動において、状況が異なればその人が別の行動をとるか、あるいは同じ行動をとるかに関するもの。別の行動をとれば弁別性が高い外的要因（状況要因）によってその行動は生じたと判断され、同じ行動をとれば弁別性が低い内的要因（本人の要因）によって、その行動は生じたと判断される。

(3) 一貫性（Consistency）
　ある人物の行動において、その人がいつも同じように行動するか、あるいは異なった行動をとるかに関するもの。同じように行動すれば一貫性が高い内的要因（本人要因）によってその行動が生じたと判断され、行動が異なる場合は一貫性が低い外的要因（状況要因）によると判断される。

　以下の3人のパフォーマンスの状況を、帰属理論から分析してみよう。

Aさん：Aさんはこれまで一貫して社内でトップクラスのパフォーマンスを示しており、現在の職場では、Aさん以外の同僚は平均的なパフォーマンスであるのに対し、Aさんは明らかに同僚よりもパフォーマンスレベルは高い。
Bさん：現在、職場の同僚と同様に高いパフォーマンスを示している。しかしこれまでのBさんのパフォーマンスは、平均よりやや低いレベルであった。
Cさん：Cさんはこれまでの高いパフォーマンスを維持しており、現在も職

図表1-2 合意性・弁別性・一貫性からの帰属結果

従業員	合意性	弁別性	一貫性	帰属
Aさん	低い	低い	高い	内的要因
Bさん	高い	高い	低い	外的要因
Cさん	高い	低い	高い	内的・外的両方 （やや内的要因が大きい）

場の同僚と同様に高いパフォーマンスを示している。

　この3人のパフォーマンスの経緯を考えてみよう。Aさんは、同僚が平均的パフォーマンスであるのに対し、高いパフォーマンスを示しているため合意性は低く、状況（職場・仕事）が変わっても一貫して高いパフォーマンスを示しているため弁別性は低く、一貫性は高い。以上の結果から、Aさんの現在の高いパフォーマンスは、Aさん自身の要因（内的要因）が原因と考えられる。Bさんは、同僚と同じように高いパフォーマンスを示しているため合意性は高く、以前は平均以下のパフォーマンスであったことから弁別性は高く、一貫性は低い。以上の結果から、Bさんの現在の高いパフォーマンスは、外部環境（外的要因）が原因と考えられる。Cさんは、同僚と同じように高いパフォーマンスを示しているため合意性は高く、状況（職場・仕事）が変わっても一貫して高いパフォーマンスを示しているため弁別性は低く、一貫性は高い。以上の結果から、Cさんの場合は現在の高いパフォーマンスが、Cさん自身の要因（内的要因）であるか、外部環境（外的要因）なのかの判断はつかない。だが、一貫して高いパフォーマンスを示している点から考えると、やや内的要因の影響が大きいといえる。まとめると、**図表1-2**のようになる。

1-4 帰属バイアス

　人間には、行動の原因としてあるタイプの説明を好むという帰属バイアスがあり、これが行動の原因を間違って解釈する帰属エラーに結びついてしまう。帰属バイアスには、以下のようなタイプがある。

(1) 行動者・観察者バイアス

　他者の行動については内的要因を重視しやすく、自分の行動に対しては状況要因（外的要因）を重視する傾向がある。その理由として、以下の例が挙げられる。

- 自分の状況はわかるが、他者の状況はわかりにくい。
- 行動そのものや行為者に比べ、状況要因は目立ちにくい。
- 状況を無視して内的要因が重視される。

　対応バイアスの例としては、ディベートのように本人の意思にかかわらず意見を表明する場面でも、その意見が発言者の意思と推論される、といったことが挙げられる。

(2) 選択的認知・楽観思考

　代表的な認知バイアスで紹介した選択的認知・楽観思考は、帰属面でもバイアス要因となり、成功の原因は自分の能力・努力など内的要因に帰属しやすく、失敗の原因は課題の難しさや運など外的要因に帰属しやすいという傾向がある。近年、選択的認知・楽観思考に関して大きな発見があったが、それは重度のうつ病患者と健常者を比較した研究では、うつ病患者のほうが、選択的認知・楽観思考が弱く、失敗や挫折などのつらい経験を楽しい経験と同じように記憶しているというものであった。つまり、選択的認知・楽観思考は認知バイアスであると同時に、この傾向によって人は悩みや悲しみが弱まり、健康に生きられるというわけだ。

2 態度——職務満足

2-1　態度とは何か

　態度（Attitude）とは、行動や他者、事象、考え方など、特定の対象に対す

る一貫した好みや評価傾向を指す。これが好きだ（あるいは嫌いだ）、こうした分野に興味があるといったことである。態度はパーソナリティと同じように、長期的に変化していく可能性があるものの、1人の人間のなかで比較的安定している。

　態度にはさまざまな要素がある。他者に対する好き嫌いのような特定の対象に対する感情的要素、この行動は正しい（あるいはあの人は信頼できる）といった認知的要素（この場合、客観的に正しいかどうかではなく本人の主観的判断による）、そして個人の行動の全般的特色を表す行動的要素などが挙げられる。これらの要素は互いに影響しあって1人の人間の態度を形成していくが、これらの要素間で不一致が生じると人は不快感を抱き（認知的不協和）、その不一致を減らそうとする。たとえば、タバコが癌のリスク要因であることを知っていてもタバコをやめることができないという例では、解決方法として、思いきってまず禁煙するという行動面の変化もあるし、タバコにはストレス解消や肥満予防の効果があるなどと考えて、認知面を変化させる方法もある。

2-2　職務満足の分類——内的職務満足と外的職務満足

　態度に関連する重要なテーマとして、組織行動分野で古くから研究が行われてきたのが、「職務満足」である。職務満足とは、仕事に対する全般的な好みや評価傾向であり、わかりやすく言うと、この仕事（会社・職場）が好きだ、この仕事（会社・職場）が楽しい、といったことである。

　職務満足は大別すると2つのタイプに分けられる。1つは仕事を通じて挑戦できたり達成感や成長を感じられる、仕事自体が楽しいなど自分の内側からわき起こる「内的職務満足 (Intrinsic Job Satisfaction)」、もう1つが職場環境や賃金など外的に得られる「外的職務満足 (Extrinsic Job Satisfaction)」である。外的職務満足には会社の経営方針、昇給、昇進、上司や職場仲間との良好な関係に加え、オフィス環境、雇用保障、秘書や送迎車がつくなど、仕事によって得られるさまざまなステータスも含まれる。

　このように、内的職務満足と外的職務満足は区分されているものの、両者をはっきりと分けるのは難しい。たとえば、上司や職場仲間との良好な関係

は外的職務満足であるが、良好な人間関係によって仕事自体が楽しくなることは十分に考えられ、外的職務満足と内的職務満足は重複する部分がある。

同時に、外的職務満足と内的職務満足は、相互的な関係とも捉えられる。昇進・昇給という外的職務満足が満たされることによって、達成感や成長感などの内的職務満足が刺激されることがある。逆に、達成感や成長感などの内的職務満足によって、仕事に対するモチベーションが向上し、パフォーマンスが向上する結果、昇進・昇給など外的職務満足に結びつくような例もある。

2-3　職務満足とパフォーマンスの関係

職務満足の向上がパフォーマンスの向上に結びつく例を先に挙げたが、私たちにとってやはり気になるのは、職務満足とパフォーマンスとの関係だろう。かつて組織行動が誕生した時代には「満足度の高い労働者はパフォーマンスも高い」という見方が主流を占めていた。満足度の高い労働者はモチベーションを向上させ、その結果、パフォーマンスが向上するという考え方である。「職務満足向上➡モチベーション向上➡パフォーマンス向上」という図式が成り立つというものだ。

この考え方の起源は、労働者の意識や感情がパフォーマンスに直接影響を与えることを発見した「ホーソン研究」であろう。ホーソン研究が行われた1930年代から職務満足への関心が高まるが、第2章で紹介するハーズバーグの二要因理論はこの考え方に基づくものであり、満足した労働者はモチベーションを向上させ、パフォーマンスも向上するので、労働者が満足するような動機づけ要因を充実させることが必要だと主張している。産業界においてもQWL (Quality of Work Life) 運動が起こり、職務拡大や職務充実が実施され、単調な仕事から労働者を救済し、職務満足を向上させようとする活動が普及していった。

職務満足への関心の高まりを受けて、職務満足を測定する調査指標も開発された。代表的な職務満足指標としては、MSQ (Minnesota Satisfaction Questionnaire) やJDI (Job Descriptive Index) などが挙げられる。MSQはミネソタ

大学が開発した指標で、「上司と理解しあっている」「雇用が保障されている」「自分自身の仕事の結果を知ることができる」「同僚と親密な関係を築くことができる」など100の質問項目からなり、これらの質問項目に「非常に不満足」から「非常に満足」までの5段階で回答するというものだ。一方のJDIは、賃金、同僚、上司のマネジメント、職務全般などの領域からなるもので、広く普及している。回答方法はMSQ同様、5段階回答とyes or no二択の2種類があり、質問項目には、「刺激的・協力的・つまらない・行動的・いらいらする」（一緒に働く同僚について）、「無礼・知的・協力的・無視される・企画力が弱い」（上司のマネジメントについて）などがある。

　職務満足に関するこれらの調査指標が開発されたことで、職務満足度とパフォーマンスとの相関関係に関する研究が積極的に行われるようになる。その結果、職務満足とパフォーマンスとの関係性はさほど高くないことが明らかになった。たとえばビクター・ブルームは、職務満足とパフォーマンスとの関係性に関する20の研究を分析しているが、それによると、職務満足とパフォーマンスとの相関係数が−0.31から0.86の間に分布し、中央値は0.14であることが判明した。

　また、あるメタ分析では、職務満足とパフォーマンスの相関係数は0.17と推定され、低い水準となっている。日本で行われたメタ分析結果でも職務満足とパフォーマンスの関係係数は、同じく0.17という低水準であり、職務満足とパフォーマンスの相関関係はそれほど高くないらしいことが明らかになった。312もの対象研究がある別のメタ分析では、相関係数の平均値は0.30で、他のメタ分析に比べると高い値を示しているが、同研究においても職務満足とパフォーマンスはある程度の相関関係があるとしながらも、組織や職場の状況、職務内容や個人的要因により職務満足度とパフォーマンスは影響を受けやすいと結論づけており、必ずしも職務満足度が高ければパフォーマンスが向上するとは言えない。「職務満足の向上➡モチベーション向上➡パフォーマンス向上」という考え方は、人間行動をあまりに単純化しており、仕事を取り巻く複雑な環境を十分に考慮していないと言える。

> **用語解説**
>
> - **職務拡大**（Job Enlargement）：1人の人が担当する職務の幅を広げる水平的な拡大。個人の仕事内容（タスク）を増やすことを意味する。たとえば、スーパーで冷凍食品の品出しをしている人が、同様にシリアルの品出しも担当するといったことである。
> - **職務充実**（Job Enrichment）：責任・権限の範囲を広げて1人の人が担当する職務の幅を広げる垂直的な拡大。これまで上司が保持していた仕事のやり方の決定権を担当者に権限移譲していくといった例がこれにあたる。これにより、担当者の責任・権限・自主性などが強まり、能力開発・キャリア開発に結びついていく可能性も広がる。

2-4　職務満足・パフォーマンス間の介在要因

　さまざまな先行研究によって、「職務満足向上➡パフォーマンス向上」という単純な図式が成立しないことが明らかになったが、こうした状況は容易に想像がつく。たとえば、職場の人間関係は良好で仕事も楽しいが、仲間とのおしゃべりに夢中でつい仕事がおろそかになる、上司は物わかりがよく仕事も楽しいが、仕事の成果について厳しい評価がないためパフォーマンスが向上しない、といった具合だ。

　組織のパフォーマンスを向上させるには、社員がパフォーマンスを向上させたいと強く感じる環境を作らなければならない。たとえば、高い目標を設定して目標達成のための努力を促す、綿密な人事評価を行ってその評価結果を個人の昇進や昇給、賞与などの処遇に連動させ、モチベーションやパフォーマンスを向上させるといったことがこれにあたる。あるいは、正式な人事評価ではなくても、上司が部下の仕事ぶりをよく観察し、よいパフォーマンスを示した際に、どこがよかったのかを具体的に指摘して褒めるという行為もある。

　職務満足とパフォーマンスとの関係には、仕事内容も影響を与える。たと

えば流れ作業のように、作業スピードが決まっているので、職務満足度が高くても低くても、パフォーマンスにあまり影響がない仕事もあるだろう。これに対して、新商品開発や技術・研究開発など創造性が深く関係する仕事では、正規の勤務時間以外で仕事上のよいアイデアが浮かぶこともある。このような本人の自主的意欲がパフォーマンスに与える影響が大きい仕事では、職務満足はより重要な要因となる。以上のように、仕事内容も職務満足とパフォーマンスとの関連度合いに影響を与える条件となってくる。もっとも、単純な流れ作業においても、作業員自身が作業改善提案などをすることで能率アップにつながったり、現場からの改善提案によって商品自体の品質向上・付加価値向上につながる可能性もあるため、こうした仕事も職務満足をまったく考慮しなくてよいわけではない。

　職務満足とは職務に対する全般的な態度であり、態度は1人の人間のなかで比較的安定したものであると先に述べたが、このことは数々の研究によって明らかにされている。また、職務満足は人によって異なることも明らかになっている。

　私たちは日々多くの人と接するが、どんな状況にあっても肯定的に捉えて満足を感じる人もいれば、逆に不満ばかり言う人もいる。また、職務満足がパフォーマンスにつながる程度も人によって異なる。たとえば、職務満足が仕事の励みになる特性を有している人、つまり達成モチベーション理論でいう「達成動機が高い人」には職務満足とパフォーマンスとの間に有意な相関関係がみられるが、そうでない人もいる。職務満足の度合いや、職務満足とパフォーマンスとの関係には、個々人のパーソナリティが影響しているということだ。

　パーソナリティについては次節で詳しく述べるが、ここではパーソナリティと職務満足との関係について、ミネソタ大学が行った双子研究を紹介する。これは、パーソナリティには遺伝的要因も影響してくるため、同じ遺伝子形態を持つ一卵性双生児の職務満足度を研究することで、パーソナリティが職務満足に与える影響を分析できるというものである。異なる仕事についている双子のそれぞれの職務満足度の類似度・相違度を調べ、類似度が高ければ職務満足はパーソナリティ（遺伝的）要因に影響を受けると考えられ、相

違度が高ければ仕事という環境要因の影響が大きいと考えられる。この研究の結果は、職務満足は約30％が遺伝的な要因によって決まり、残り約70％が遺伝以外の要因によって決まるというものであった。

　職場に不満を抱く社員がいると、職場の雰囲気や他の社員に悪い影響を与える可能性があるため、高い職務満足度の社員のほうが望ましいと考えるのは自然な見方である。そこでパーソナリティが職務満足の要因となれば、職務満足度の高い人を採用すればよいということになり、職務満足は社員採用・選抜の問題にもつながる。

　先に指摘したように、モチベーションやパフォーマンスの向上につながる条件づくりが、採用後の社員に対する人事評価や昇進・昇給などの人事施策の問題であるのに対し、職務満足度の高い人を採用するには、「人材選抜」という別のアプローチが出てくる。

　このように、職務満足には多様な取り組みが必要となるが、これまでの研究から職務満足とパフォーマンスの間に低い相関しか見出せないのは、職務満足とパフォーマンスの間に評価や処遇システム、仕事内容、個人の特性など、さまざまな要素が影響を及ぼしあうことが原因と考えられる。

　逆に、パフォーマンスが職務満足を向上させるという「パフォーマンス向上➡職務満足」という説もある。仕事で高いパフォーマンスを実現できれば嬉しいし、それが賃金に反映されればその喜びは倍増すると考えると、この逆因果関係は成り立つようだ。

　また職務満足度が低くても、パフォーマンス向上に対するプレッシャーが大きければ、パフォーマンスは向上することも認識しておかなければならない。パフォーマンスの低い人には解雇や降格、左遷、あるいは上司に叱責される可能性があり、それを避けるために、一定のパフォーマンスを達成しなくてはならないという意識が生じるからだ。このように、パフォーマンスに対するプレッシャーも職務満足に影響を与えるといえ、職務満足とパフォーマンスの関係は非常に複雑である。

2-5 職務満足の向上はやはり重要

　最後に、職務満足とパフォーマンスとの関係を考える際に重要な、パフォーマンスの捉え方の問題を指摘しておきたい。パフォーマンスと言った場合、品質や売上高（あるいは利益）、人事評価結果など、狭義に捉えるのではなく、より広く捉えることが重要になってくる。

　たとえば、後輩への協力やコーチングなど職場のメンバーに対する自発的な支援活動、組織に対する提案などの「組織市民的行動（Organizational Citizenship）」は、職務満足度の高い社員ほど積極的であることが認められている。職場メンバーへの支援や組織への積極的な参画は、組織の長期的パフォーマンスのカギとなるため、組織にとって非常に重要だ。さらに、職務満足と定着率は正の相関関係が認められており、職務満足の高い社員ほど定着率が高い。特にパフォーマンスの高い社員が高い職務満足を持つことは、組織にとって非常に重要である。パフォーマンスの高い社員の職務満足には常に配慮しなければならない。

　このため、職務満足を向上させること、職務満足がパフォーマンスに結びつく条件を作り出すことの2点が、組織にとって重要となるのである。

3　パーソナリティ

3-1 パーソナリティの決定要因

　「パーソナリティ」とは、比較的安定した個人の特徴的な考え方、経験の仕方、行動の仕方などを表す。ただし安定的な特徴といっても知能やスキルなどは除外される。本節では、まずパーソナリティの決定要因について考えてみたい。これについてはすでに多くのパーソナリティ理論でさまざまな側面について議論されているが、本書では特に重要な以下の2つの問題を取り上げたい。

　1つは、個人のパーソナリティは幼少期にある程度決まり、生涯を通じて

基本的に安定しているのか、それとも、大人になってからも変化するのかということだ。組織内のマネジメントにこの側面をあてはめた場合、幼少期のうちにパーソナリティがある程度決定され、その後あまり変化しないという立場にたてば、採用や社内選抜の際に組織文化や職務に適したパーソナリティをもった人を採用・選抜することが重要となる。具体的施策としては、採用にあたって実施されるSPIなどのパーソナリティ測定がある。また上司が部下のパーソナリティに適したマネジメントを行うのも、これにあたる。一方、大人になってもパーソナリティは変化するという立場にたてば、入社後も仕事体験を通じてパーソナリティが変化していくため、組織内の人材育成が重要となる。

　もう1つは、個人のパーソナリティに影響を与えるのは本人なのか、それとも環境かという問題だ。複数あるパーソナリティ理論のなかには、個人のパーソナリティは本人のものの捉え方や思考によって決まる部分が多いとみなすものもあれば、環境によって決まる部分が多いとする理論もある。後者の考えにたてば、会社の施策や上司のマネジメントによってパーソナリティを変化させることができるため、パフォーマンスを向上させるような施策やマネジメントを行い、それに個人を適応させることが重要となる。本人によって決まる部分が多ければ、個々人の特性をよく理解し、それに合わせたマネジメントを行うことが重要となる。

3-2　パーソナリティに関する代表的理論

　組織での活用度が高い4つのパーソナリティ理論を紹介しよう。上述のパーソナリティの2つの決定要因に関し、これら4つの理論はそれぞれ異なった立場をとる。

(1) ビヘイビアル・アプローチ

　「ビヘイビアル・アプローチ (Behavioral Approach)」では、人間の行動は環境によって決定されると考え、人間の内面で起こっていることは議論の対象としない。人間は外部環境からの刺激に対応して行動するものなのである。

パーソナリティの2つの決定要因に関してもビヘイビアル・アプローチの立場にたてば、パーソナリティは大人になってからも変化するものであり、パーソナリティに影響を与えるのは環境である。この考え方の提唱者として知られるのが、米国の行動心理学者バラス・スキナーである。

スキナーは人の行動を促す外部環境要因として、「リインフォーサー（強化）」という概念を提案した。リインフォーサーとは、ある行動をとったことによって得られる望ましい結果である。人はある行動をとった際に望ましい結果を得たことを強く記憶するため、次に同じ状況におかれると同じ行動をとるようになり、その特定の行動が促進されるという考え方である。組織におけるリインフォーサーには昇進や昇給などがある。

ある行動をとった結果が昇進につながれば、人は同じような状況に遭遇したときに再び同じ行動をとる。リインフォーサーとはある特定の行動を促進する要因であり、その逆が「パニッシュメント」である。パニッシュメントとは、人がある行動をとったことでもたらされる望ましくない結果である。人は望ましくない結果についてもよく覚えているため、次に同じ状況に直面した際に、前回と同じ行動はとらなくなる。パニッシュメントは人の行動を抑制する要因であり、その代表例としては降格や降給、悪い人事評価などがある。

(2) ソーシャル・ラーニング・アプローチ

ビヘイビアル・アプローチの影響を受けて次に登場したのが「ソーシャル・ラーニング・アプローチ（Social Learning Approach）」である。ビヘイビアル・アプローチの影響を受け、人のパーソナリティは環境によって変化するという立場をとる。しかし、必ずしも環境によってすべてが決定されるわけではないとして、行動決定に対する本人の積極的な役割をより重視し、人間の行動は個人と環境の相互関係によって決まると考える。環境要因が学習を通じて個人の行動を形づくるのと同様に、人間の行動が環境に影響を与え、環境を形づくるとする考え方である。

ソーシャル・ラーニング・アプローチではその名前のとおり、人間の行動やパーソナリティの形成における社会的学習を重視する。ソーシャル・ラー

ニング・アプローチの主張は、人間の学習は社会環境の中で行われ、他者との相互作用の中で必要な行動を身につけていくというものである。そのため、常に新たな経験をする人間は、パーソナリティにおいても絶えず変化する。ソーシャル・ラーニング・アプローチの考え方にたつと、パーソナリティは個人の内的特性ではなく、特定の社会的状況に反応していく潜在的可能性と捉えられる。このようにパーソナリティは変化するものでありながら、同時に以前の経験が新しい学習にも影響を及ぼすため、ある程度安定したものと言える。

したがって、パーソナリティ研究とは学習された行動、つまりさまざまな生活の場での経験によって変わってくる修正可能な行動が対象となる。また現在の個人の行動はその人の過去における経験によって影響または形成されたものであるため、パーソナリティを理解するには、本人のライフヒストリー研究が必要となるというのがソーシャル・ラーニング・アプローチの立場である。また、社会的学習は自分自身の体験だけでなく他者の経験を通じても可能とされる。こうした他者の経験から学習することを、「代理的学習」あるいは「代理的経験」と呼ぶ。

(3) フェノメノロジカル・アプローチ

「フェノメノロジカル・アプローチ（Phenomenological Approach）」では、パーソナリティは遺伝や環境ではなく、自分自身によって決まるという立場をとる。このアプローチにおいては、パーソナリティは変化するものとみなされる。個人の行動を決めるのはその本人であるという立場をとることから、その人本人の世界観あるいは個人の主観的な経験に焦点があてられる。

このフェノメノロジカル・アプローチでは、人はそれぞれ独自の世界観をもつと考えることから、パーソナリティ研究においても、個々人の主観的世界観や自己認識、価値観を理解することが重視される。このため、人間をタイプ別に分類したりコントロールしようとすることではなく、まず目の前の個人を肯定し、なぜこの人がこのように考え、行動するかを理解しようとするものである。

フェノメノロジカル・アプローチでもう1つ重要なことは、人間は基本的

に善き存在であるという前提にたっていることだ。このため、人間が望ましくない行動をとる場合、人間本来の姿を阻害する何らかの要因があるはずで、これを取り除けば本来のよい姿に戻るはずだと考える。つまり、目の前のその人を正しく理解する必要があるというのがフェノメノロジカル・アプローチの主張である。人間は基本的に善き存在であるというこの考え方は、「ヒューマニスティック・サイコロジー（Humanistic Psychology）」とも呼ばれている。

　フェノメノロジカル・アプローチの代表的研究者は、カール・ロジャーズであろう。ロジャーズは基本的に人間を善き存在とみなし、人間には自己実現しようとする傾向が生まれつき備わっているとする。これは自身の機能や能力の実現、あるいは充足傾向を指すもので、背景にあるのは、人間は変化する能力をもち、とるべき方法を決定する能力があるという考え方である。

　ロジャーズの中心概念とされる「セルフコンセプト」とは、個人が認識する自分自身のイメージである。個人の世界観や行動に影響を及ぼし、個人はセルフコンセプトと比較して経験や行動を評価するのである。セルフコンセプトと実際の行動が一致していれば、安定した積極的な行動をとったり新しいアイデアを生み出したり、変化に対応できるが、これが一致していないと、不安などの感情的問題が発生する。ロジャーズのもう1つの重要な概念は「セルフイメージ」である。セルフイメージとは、そうなりたいという自分であり、このセルフイメージとセルフコンセプトが一致しないと、人間は不安を感じやすくなる。

（4）トレート・アプローチ
　「トレート（Trait）」とは、人を他人と異なる存在にするディメンション（側面）のことで、「トレート・アプローチ（Trait Approach）」は人の心理的な特性を測定するアプローチの1つである。これまで紹介してきたアプローチとは異なり、このアプローチ自体は理論ではなく、ある特定のトレート（特性）を重視し、それにもとづいてパーソナリティ構造を作ろうとしたときにはじめて理論となる。

　トレート・アプローチの基本的なスタンスは、知的能力を含め、個人の

パーソナリティは非常に安定したものであり、生来的・遺伝的に決まっているという見方である。そして元来安定しているはずの人間のパーソナリティ特性を測定しようという立場をとる。

このトレート・アプローチの歴史は古く、個人のパーソナリティのタイプ別分類を起源としている。すでに紀元前4世紀、ヒポクラテスが「人間はおもに4つのパーソナリティ・タイプに分けられる」と主張しているように、このトレート・アプローチの歴史は少なくともこの頃まで遡ることができる。ただしパーソナリティ・タイプの分類は、非連続的なカテゴリーによって行われる。これに対し、前に紹介したようにトレートは連続的なディメンションとして扱われる。

トレート・アプローチの研究は多数存在するが、本書ではハンス・アイゼンクの研究を紹介する。アイゼンクは、内向性／外向性、および情緒安定性／情緒不安定性 という2つの軸で個人のパーソナリティ特性を分類している。

この2つの軸をもとに、個人のパーソナリティを4タイプに分類したのが**図表1-3**である。しかし、必ずしもすべての人がこれら4タイプに明確に分類されるわけではなく、アイゼンクの理論にたてば、人は大きく4つのタイプに分けられ、2つの軸が交差する点に近い人もいれば、交差点から遠く離れた場所に位置する人もいる。交差点に近い人は4つの傾向を一定程度持ち合わせた人であり、交差点から遠い人は外向性が非常に高い、あるいは外向性と神経質がともに強いなど、ある特性が際立った人ということになる。

3-3　代表的なパーソナリティ特性

(1) 自己効力感

「自己効力感」とは、先に紹介したソーシャル・ラーニング・アプローチの代表的研究者であるアルバート・バンデューラが提唱したもので、自分の能力に対する信頼感、あるいは必要な行動を達成するために必要な期待や自信を指す。この自己効力感の程度は人によって異なるが、自己効力感が高い人ほど成功する割合が高いというのがバンデューラの主張である。自己効力

図表1-3 アイゼンクのパーソナリティ分類

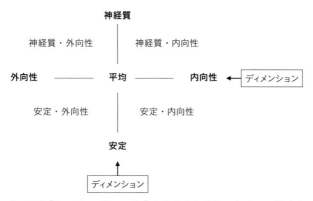

出典：Thomas, K. (1990)"Dimension of Personality", in Reth, I. (ed.) *Introduction to Psychology*, Vol. 1をもとに作成

感の高い人は、チャレンジングな目標を設定し、目標達成のための行動を継続して高いパフォーマンスを生み出すからである。自己効力感が高いのは非常に好ましいことであるが、重要なのは、この自己効力感は学習・経験によって高められることである。バンデューラは自己効力感を高める要因として以下の4点を挙げている。

① **能動的習得**：自己の成功体験を通じて自己効力感を高めること。特に大きな障害を克服して得た成功体験から得ることができるため、目標達成やOJTなどを通じて成功体験を積むことが重要となる。
② **代理的経験**：他者をモデルとして、その人の成功を観察して自己効力感を高めること。この代理的経験の実現には、モデルとなる他者が自分と似ていることが必要となる。たとえば職場や組織でロールモデルを示すことによって、自己効力感を高めることができる。
③ **社会的説得**：自分には能力があると確信させるようなメッセージを他者から送られることで、自己効力感を高めること。たとえば成功を実感できるように、上司は常に部下の行動やパフォーマンスをよく観察し、具体的に言葉にして賞賛することが重要となる。

④　生理的状態：健康状態（身体的／精神的）が悪化すると、人間は自分の職務遂行能力も低下すると考える傾向があるため、自己効力感の向上には身体的・精神的な健康が重要である。

(2) ビッグファイブ・パーソナリティ
　パーソナリティ特性を構成する因子を5つに分類したものを「ビッグファイブ・パーソナリティ」と呼ぶ。個人のパーソナリティとパフォーマンスとの関係性が認められることから注目されている。それぞれのパーソナリティの特性を以下にまとめる。

①　外向性：社交的で、話し好きで、活発で、集団を好み、はっきりと自己主張を行うという特性をもつ。
②　人当たりのよさ：物事に興味をもち、柔軟で、親切、思いやりがあり、協調性が強く、寛大などの特性をもつ。
③　誠実さ：信頼性が高く、責任感が強く、意志が強く、仕事をきちんとこなし、我慢強いなどの特性をもつ。
④　情緒安定性：情緒的に安定していて、常にものごとに冷静に対応するといった特性をもつ。
⑤　経験に開放的：想像力が強く、独創的で、好奇心に富み、心が広く、知的能力が高く、芸術性に優れ、偏見をもたないなどの特性をもつ。

　「誠実さ」に関して高得点の人は、多くの職業において相対的にパフォーマンスが高いという結果が得られている。どんな仕事も他人に信頼されなければうまくいかないからである。また、経験に対する開放性が高い人は、トレーニング効果が高い。このタイプの人は、最初はできなくても仕事を続けるにつれてパフォーマンスが向上していく。自分の立場や考え方とはまったく異なるものでも受け入れ、チャレンジしていくからである。
　「外向性」については職業によって効果が異なり、外向性が高い人はマネジャーやセールス職などで高いパフォーマンスを示す。人当たりがよい人は、サービス職や介護職など人の世話をする仕事に適している。「情緒安定性」

についてはパフォーマンスとの関係性がはっきりとわかっていない。その理由としては、情緒安定性の高さはパフォーマンスに結びつくと考えられるが、情緒安定性の高い人ほど同じ組織に定着する傾向があるため、研究対象となった実務家の多くが情緒安定性の高い人であったと推測される。

(3) 社会的望ましさ

　自分の本心や態度 (attitude) とは異なっていても、個人的な趣向と切り分けて社会的に望ましいとされる行動をとること。たとえばテストで実際の自分の個人的な考えとは一致しないが、望ましいとされる回答を行うなどがこれにあたる。社会的望ましさにおいて高い度合いを示す人のほうが、職務パフォーマンスも高いとの研究結果がある。この社会的望ましさは、ある意味で自分を偽ることであり、一見ビッグファイブパーソナリティの「誠実さ」とは矛盾する要素であるようにも思える。だが、パフォーマンスを向上させるには、ある程度状況にあわせて行動することも必要になってくるというわけだ。

(4) 統制の位置

　自分の運命は自分で決められるのか、あるいは外部環境によって決まるのかという問いに対する考えは人によって異なる。だが、1人の人間のなかでこの問いに対する姿勢はほぼ一定であると考えられる。これを「統制の位置 (Locus of Control)」と呼ぶ。自分の運命は自分で決められると考える人を「内的統制型」、自分の運命は偶然や他者からの影響を強く受けると考える人を「外的統制型」という。これまでの研究から、内的統制型の人のほうが職務満足度は高く、他者からの評価も高いという結果が出ている。逆に、外的統制型の人はパフォーマンスが上げられないと外部要因のせいにする傾向があり、その結果、他者とうまくいかなくなる傾向がみられる。社会的成功を収めた人には内的統制型の人が多いが、注目すべきは、内的統制型になるか外的統制型になるかという問題には、多分に環境要因が影響するという研究結果があることだ。

　また、内的統制型になるか外的統制型になるかについては、ある程度社会

的な要素に影響されることも明らかになっている。たとえば同じキリスト教でもカトリックでは外的統制型が多く、プロテスタントでは内的統制型の人が多いといった具合だ。教育程度が高く社会的・経済的に成功した人の中には内的統制型が多く、逆に教育程度が低くて経済的に貧しい人の中には外的統制型の人が多いということもこれまでの研究で指摘されている。このように、統制の位置については環境要因が影響しているため、高いパフォーマンスに結びつきやすい内的統制型の人材を育成していくには、環境の整備が重要となる。

(5) 権威主義

人間には上下関係があって当然と考える人と、人間は本来平等な存在であるため、差をつけるべきではないと考える人がいる。パーソナリティ理論における権威主義とは、人間の上下関係を当然とみなす度合いを意味している。権威主義的な人は伝統的な価値や公式の権限を重視する度合いが強く、このタイプがリーダーになると権威主義的なリーダーシップをとるようになる。この権威主義には、ある程度社会的要素が関係してくる。国によって権威主義の度合いは異なるため、たとえばヨーロッパでも北欧諸国は平等主義の傾向が強く、南欧諸国は権威主義傾向が強い、という報告がなされている。

第2章 モチベーション

1 モチベーション理論の概要

1-1 モチベーションとは何か

モチベーションは一般的に「動機づけ」などと呼ばれる。動機づけとは、「人が行動を起こす(人に行動を起こさせる)こと、あるいは行動したいと思う(思わせる)こと」という意味である。これを仕事に応用したものを「ワーク・モチベーション」といい、人が仕事という行動を起こす(人に仕事という行動を起こさせる)、あるいは仕事という行動をしたいと思う(思わせる)ことである。もっと簡単に言えば、仕事に対するやる気が出るということだろう。

どんなに職務遂行に必要なスキルや経験、知識を持っていても、仕事に対するモチベーションがなければパフォーマンスは低下してしまう。一定のパフォーマンスをあげなければ組織自体に居づらくなったり、降格・降給される恐れもあるため、モチベーションがなくても仕事はせざるを得ない。しかしやはり、モチベーションの有無はパフォーマンスに大いに影響するため、あらゆる組織において、メンバーのモチベーションの向上は重要課題である。

モチベーション理論の特徴の1つは、国や性別、宗教、年齢、社会階層な

どの社会的カテゴリーや、個人による違いがあるものの、万人に適用できる一定の要件が存在するという前提に立っていることである。このため、モチベーションを向上させる方法は世界各国すべての組織に、ある程度適用しうると捉える。しかし、実際のモチベーション構造は環境や個人によって異なるため、すべてのケースで理論どおりにモチベーションが向上するとは限らない。

1-2 モチベーションの分類
―― 内的モチベーションと外的モチベーション

　モチベーションは「内的モチベーション（Intrinsic Motivation）」と「外的モチベーション（Extrinsic Motivation）」の2つに大別される。「内的モチベーション」とは、自分の内面から生じるモチベーションであり、達成感や責任感、あるいは能力が向上したと自覚できることなどがこれにあたる。もう1つの「外的モチベーション」とは、外部からもたらされるモチベーションであり、昇進、昇給やボーナスなどの金銭的報酬、秘書や送迎車がつくといったステータスの向上、オフィス環境や就業条件の向上などが相当する。

　職務満足には、内的職務満足と外的職務満足があり、両者には相互関係があることを先に紹介した。職務満足同様にモチベーションにおいても、内的モチベーションと外的モチベーションを明確に分けることは難しく、両者には相互関係がある。

　内的モチベーションと外的モチベーションの関係に関しては、これまで多くの研究が行われており、外的モチベーションが内的モチベーションを阻害すると結果づけるものもある。たとえば、純粋に仕事の達成そのものがおもなモチベーション要因となっている人に対し、昇進やボーナスなど外的モチベーションを連動させると、純粋な職務達成欲求が阻害されてしまうといった指摘である。逆に、昇進や昇給、ボーナスなどの外的モチベーションによって、本人が達成感をより明確に自覚するケースもある。これは外的モチベーションによって内的モチベーションを向上させている例であり、外的モチベーションと内的モチベーションは相乗効果を持つこととなる。このように、内的モチベーションと外的モチベーションの関係は複雑であり、双方の

関係性や相互作用に関して、研究が進められている。

各企業ではさまざまなモチベーション施策が行われているが、企業が導入する施策と日常的なマネジメント行動の両面から、内的モチベーションと外的モチベーションの具体的施策を、以下にいくつか紹介してみよう（両者は明確に分けられないため、1つの施策が両方の効果をもつ場合もある）。

◆内的モチベーション向上のための施策

QCサークルなどのチーム活動、提案制度、公式のパフォーマンス・マネジメントスキーム、長期的なキャリア開発、キャリア・カウンセリング、メンター制度、社内公募、社内FA制度、部下と上司の公式・非公式の頻繁なコミュニケーション、充実感や達成感が得られるような仕事の割り振り、チャレンジングな仕事に取り組む部下へのサポート、部下の成功や働きぶりのよい点を褒めるなど。

◆外的モチベーション向上のための施策

昇進・昇格・昇給・賞与などの金銭的報酬、昇進に伴うステータス向上（秘書や送迎車がつく、個室の貸与など）、フレックスタイムや裁量労働などの柔軟な勤務体制、ワークライフバランスを考慮した勤務体制（勤務地限定、育児休業・介護休業、育児や介護に対する短時間勤務）、福利厚生の充実（保険・年金・社宅・社員寮その他の福利厚生施設などの充実）、オフィス環境の整備など。

1-3 2タイプのモチベーション理論
──内容理論と過程理論

モチベーションが内的モチベーションと外的モチベーションの2つに大別されるように、モチベーション理論も「内容理論（Content Theory）」と「過程理論（Process Theory）」の2つに大別される。内容理論は、人はどのような欲求に基づいて働くのか、人を動機づける欲求とは何かを追究する理論群であり、人の内的欲求に焦点をあてる傾向がある。もう一方の過程理論は、人を動機づけるプロセスを追究する理論群であり、外部からどのような働きかけをすればモチベーションが向上するかという問題に焦点をあてる傾向がある。内容理論は内的モチベーションに、過程理論は外的モチベーションに焦点を

> **用語解説**
>
> ▶ **リワード**
>
> 　モチベーションに関連する概念の1つに「リワード」がある。リワードとは、働くことによって得られるすべてのものであり、モチベーションと同様、外的・内的の2つに大別される。「外的リワード」とは外部から得られる報酬を指し、昇進・昇給・ボーナスなどの金銭的報酬と、オフィス環境や上司から褒められるといった非金銭的報酬がある。「内的リワード」とは個人において内的に生じるものであり、達成感や成長感、有能感などがこれにあたる。リワードに代わる日本語には「報酬」や「処遇」があるが、これらの用語では外的リワードが対象となる場合が多く、リワードのほうが概念として持つ意味は広い。
>
> 　本書ではこの最も広い概念であるリワードを、仕事から得られる報酬や処遇を表す言葉として用いる。

あてる傾向があるものの、いずれももう一方の側面についても考慮していることは言うまでもない。

2 ｜ モチベーション理論──内容理論

2-1　欲求階層説

　アブラハム・マズローは何かをしたいという人間の欲求を、次の5つに分類している。

① **生理的欲求**（Physiological Needs）：空腹や渇きなど、衣食住に関する基本的な肉体欲求。
② **安全的欲求**（Safety Needs）：安定や秩序を得たい、恐怖や不安から自由

図表2−1 欲求階層説が仮定する欲求構造

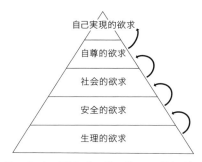

出典：Vecchio, R, P. (2003) *Organizational Behavior: Core Concepts*（5th ed.）, Thomson Learningなどをもとに作成

になりたいという安全に対する欲求。
③　**社会的欲求**（Social Needs）（愛と所属の欲求=Love and Belongings Needsともいう）：愛情、所属意識、受容、友情などを求める欲求。
④　**自尊的欲求**（Esteem Needs）：自尊心、自律性、達成感などの内的要因、および地位、表彰、注目など外的要因による欲求。
⑤　**自己実現的欲求**（Self-Actualization Needs）：成長したい、自己実現したいという欲求。

　これら5つの欲求は階層化されており、まず低次の欲求が発生し、その欲求がある程度満たされると次の段階の欲求が現れる。つまり、欲求は生理的欲求から一番高次の自己実現的欲求までの各段階で生じるため、「生理的欲求がある程度満たされる➡安全的欲求の出現➡安全的欲求がある程度満たされる➡社会的欲求の出現➡社会的欲求がある程度満たされる➡自尊的欲求の出現➡自尊的欲求がある程度満たされる➡自己実現的欲求の出現」という順でそれぞれの欲求が出現する。いずれの次元でもそれがある程度満たされなければ、次の次元の欲求が出現することはない（**図表2−1**）。
　この欲求階層説の主張については、実感として理解できる方も多いことだろう。このように、ある理論や主張に対して多くの人が、なんとなく納得できると感じることを、学問の世界では「表面的妥当性（Face Validity）が高い」

という。世の中にアピールしたり、人を納得させるには表面的妥当性が高いことが条件となるが、欲求階層説はそれを裏付けるよい例と言える。

　実際、マズローが指摘するように、私たちの欲求は階層的に現れるのか。残念ながら、これまでの研究では欲求階層説の主張を支持するものは少ない。どうやらすべての人が、マズローの主張のように階層的に欲求が上がるとは限らないようである。たとえばある段階の欲求が非常に強い人がいて、その欲求が充足したときにも上位段階の欲求が出現してこないケースもある。自尊的欲求が非常に強い人で、その欲求が満たされても自己実現欲求が出現してこないといった具合である。

　この欲求構造には環境的な違いがみられるという指摘もある。たとえばマズローの出身国であるアメリカでは、マズローの指摘どおり5階層の欲求が現れる人の割合が比較的高いが（もちろん、すべてのアメリカ市民に5階層の欲求が現れるわけではない）、この欲求構造がみられる人の割合がさほど高くない国もあり、人間の欲求構造は社会的な影響を受けていることがわかる。

　こうしたいくつかの課題はあるものの、マズローの欲求構造はやはり人の欲求構造について否定できない側面をついており、無視できない理論であろう。そのため、必ずしも5階層で現れないとしても、いずれかの段階の欲求は存在するという前提にたち、各階層の欲求を満足させる施策をとることが、職場での実践方法としては適切であろう。

2-2　ERG理論

　クレイトン・アルデルファが提唱した「ERG理論」はマズローの欲求階層説と基本的な考え方を共有しているが、以下の点で異なっている。ちなみに「ERG理論」という名称は、Existence（生存）、Relatedness（関係）、Growth（成長）という3つの欲求の頭文字からとったものである。

　第1に、マズローが5つに分類した人間の欲求を、生存欲求、人間関係の欲求、成長の欲求の3つに分類しなおしたことである。その内容は以下のとおりである。

図表2-2 欲求階層説とERG理論の欲求次元比較

欲求階層説	ERG理論
生理的欲求	生存欲求
安全的欲求（物的）	
安全的欲求（対人的）	関係欲求
社会的欲求	
自尊的欲求（対人的）	
自尊的欲求（自己確認的）	成長欲求
自己実現的欲求	

出典：二村敏子（編）『現代ミクロ組織論：その発展と課題』（2004，有斐閣）をもとに作成

① **生存欲求**（Existence Needs）：食べる、飲む、眠るなどの生理的欲求。職場の物理的環境や金銭的報酬など、生活環境に関する欲求も含まれる。
② **関係欲求**（Relatedness Needs）：他者との関係を持ちたいという欲求。この欲求には良好な人間関係だけでなく、敵対的な人間関係も含まれる。
③ **成長欲求**（Growth Needs）：能力を最大限に発揮したい、能力を開発したい、何かを達成したいという欲求。

　マズローの欲求階層説とアルデルファのERG理論の欲求次元の関係を示したのが**図表2-2**である。
　第2に、これらの欲求は逆行する可能性があることを示唆している点である。ERG理論でも欲求は階層化されたものと捉えており、「生存欲求」が最も低次の欲求で、この生存欲求がある程度満たされると次の段階の「関係欲求」が現れ、さらに人間関係の欲求がある程度満たされると「成長欲求」が現れるとしている。この点ではマズローの欲求階層説と一致するが、欲求階層説と異なるのは、成長の欲求が満たされない場合には人間関係の欲求が強まり、人間関係の欲求が満たされない場合には生存欲求が強まるという欲求の逆行が起こるとしている点だ（**図表2-3**）。
　マズローの欲求階層説では、このような上位次元の欲求が満たされないと下位次元の欲求が高まるという欲求の逆行については触れられていない。さらにERG理論では生存、人間関係、成長の3つの欲求がすべて満たされな

図表2-3 ERG理論の欲求構造

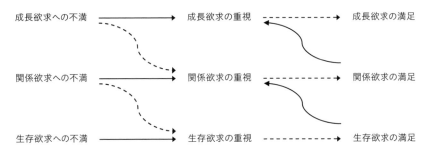

出典：Gibson, J, L., Ivancevich, J, M., Donnelly Jr., J, H. & Konopaske, R. (2012) *Organizations: Behavior, Structure, Processes* (14th ed.), McGraw-Hill などをもとに作成

くても、逆行して強まった欲求が満たされれば人は満足を感じるとしており、この点も欲求階層説とは異なっている。

　ERG理論についての研究はまだ十分に行われておらず、ERG理論の有効性について結論を出すのは難しい状況である。ERG理論に関する数少ない研究の1つに通信会社の208人の社員を対象に行った調査がある。この調査では、多くの社員がERG理論の欲求階層構造に即した欲求構造を持っていることが明らかになり、ERG理論の主張を概ね支持する結果となった。なかには少数ではあるが、関係欲求や生存欲求が十分に満たされていなくても強い成長欲求を有する社員の存在が報告されている。

2-3　二要因理論

　フレデリック・ハーズバーグは職務満足の要因を知るために、会計士とエンジニアという異なる職種の人に「クリティカル・インシデント・テクニック」という手法を用いてインタビューを行い、職務感情に関する情報を収集した。クリティカル・インシデント・テクニックとは、これまで働いた経験の中で、特によかった（うまくいった、満足した）と感じた経験と、特に悪かった（失敗した、不満足だった）と感じた経験について、その具体的内容を話してもらうものである。

図表2-4 二要因理論における仕事感情・満足度の変化

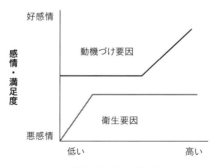

出典：Vecchio, R, P. (2003) *Organizational Behavior: Core Concepts*（5th ed.）, Thomson Learningなどをもとに作成

　具体的な質問事項としては、それらの経験はいつ起きたのか、関連した人は誰か、どのような状況で起きたか、なぜよかった（悪かった）と感じたのか、この経験はあなたのキャリアにどのような影響を与えたか、などがある。これらの質問をもとに、よかった（悪かった）と感じた状況や理由、そのときの対応について、具体的に明らかにしていくのがこの手法の特徴である。

　ハーズバーグは会計士とエンジニアにクリティカル・インシデント・テクニックによるインタビューを行って得られた情報を分析し、これまでの仕事経験において、よかったと感じた要因と悪かったと感じた要因を分類した。そして、よい感情をもったときに頻繁に登場した要因を「動機づけ要因（Motivation Factor）」、悪い感情をもったときに頻繁に登場した要因を「衛生要因（Hygiene Factor）」と名づけた。これが、ハーズバーグの二要因理論である。そして、動機づけ要因が満たされれば職務満足とワーク・モチベーションは向上するが、満たされなくても職務満足やワーク・モチベーションが低下することはない。衛生要因が満たされなければ不満足を感じ、ワーク・モチベーションは低下するが、満たされても特に職務満足やワーク・モチベーションを向上させることはないと主張する。この主張を示したのが**図表2-4**である。

　「動議づけ要因」と「衛生要因」の比較（**図表2-5**）をみると、動機づけ要

図表2-5 動機づけ要因と衛生要因の比較

	悪感情					好感情		
40%	30%	20%	10%	0%	10%	20%	30%	40%

- 達成
- 承認
- 仕事そのもの
- 責任
- 会社の方針と経営
- マネジメント
- 賃金
- 上司との対人関係
- 作業環境

出典：Herzberg, F.（1967）*Work and the Nature of Man,* World Pub. Co.（北野利信訳『仕事と人間性：動機づけ−衛生理論の新展開』1968，東洋経済新報社）をもとに作成

因として示されているのは、仕事の達成や仕事そのもの、責任といった要因であり、仕事そのものに関連した要因、あるいは仕事によって引き起こされる内的な要因が多い。これに対し、衛生要因として示されるのは、組織の方針や上司のマネジメント、賃金、上司との関係、作業環境など、仕事を取り巻く外的な要因である。

　この結果、動機づけ要因となるのは、仕事それ自体や仕事を通じて得られる内的な満足であり、ワーク・モチベーションを向上させるには仕事の内容自体を考慮する必要がある。一方の衛生要因は、いくら満たされてもそれだけでワーク・モチベーションを向上させることはできない。

　ハーズバーグの二要因理論には、その後、いくつかの指摘がなされている。

　1つは、ハーズバーグは動機づけ要因と衛生要因に分類したが、こうした結果が得られるのはハーズバーグのように過去の経験について聞いた場合に限られるというものだ（ハーズバーグが用いたクリティカル・インシデント・テクニックは、過去に起きた経験について聞くインタビュー技法をとる）。現在の状況について聞いた場合には多くの研究で、すべての要因に関して満たされなければ不

図表2−6 現在の状況に関する仕事感情・満足度の変化

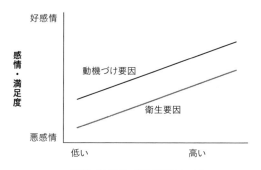

出典：Vecchio, R, P. (2003) *Organizational Behavior:Core Concepts*（5th ed.）, Thomson Learning などをもとに作成

満で、満たされれば満足という結果が出ている（**図表2−6**）。

　以上のように、過去のことと現在のことを聞いた際に異なる結果が生じる原因としては、人はよかったことは自分自身が原因であると捉え、悪かったことは外部要因のせいにしやすいという傾向が指摘されている（前述の選択的認知・楽観思考）。この傾向は、過去の事象で特に顕著に表れやすい。

　もう1つの指摘は、ハーズバーグは職務満足とパフォーマンスとの間に因果関係があるとの前提にたって職務満足について調査しているが、パフォーマンスについては調査していない点である。また第1章で紹介したとおり、これまでの研究からは、職務満足とパフォーマンスとの相関関係は高くないとの結果が出ている。

　このように、二要因理論に対しては多くの指摘がなされ、専門家の間ではもはや二要因理論の妥当性はないとする見方が一般的である。しかし実務家にとって、二要因理論は非常にアピールする有名な理論である。この理論をきっかけにアメリカではQWL（Quality of Work Life）運動が起こり、職務拡大や職務充実などのマネジメント分野に影響を与え、現在でもマネジャー研修などで頻繁に取り上げられている。

2-4　達成モチベーション理論

デイビッド・マクレランドは人間の基本的な欲求として、「達成欲求」「パワー欲求」「親和欲求」の3つがあるとした。

① 達成欲求（Need for Achievement）：ある一定の標準に対して、それを凌ぎ、あるいはそれを達成し、成功したいという欲求。
② パワー欲求（Need for Power）：他の人々に影響を及ぼしたいという欲求。
③ 親和欲求（Need for Affiliation）：友好的で密接な対人関係を結びたいという欲求。

マクレランドは、3つの欲求のうちどの欲求を強くもつかは人によって異なると主張する。つまり人には高い達成欲求をもつ人、高いパワー欲求をもつ人、高い親和欲求を持つ人の3つのタイプがいるということだ。人がどの欲求を強く持っているかを調べるために、マクレランドは「TAT（Thematic Apperception Test：主題統覚検査）図版」と呼ばれる絵を被験者に見せ、その絵に関するストーリーを語ってもらい、その内容から3つの欲求のうちいずれが強いかを分析するという方法をとった。

研究の初期段階で、マクレランドは3つの欲求のなかで特に達成欲求が仕事の成功に重要な影響を与えると考え、TATで達成欲求が強いと診断された人たちを対象にその特徴を分析した。その結果、達成欲求が強い人には、以下のようなが特徴がみられることが明らかになった。

- 中程度の困難度をもつ目標を好み、目標達成にモチベーションを感じる。
- 自分の達成したパフォーマンスに対し、達成直後のフィードバックを好む。
- 達成は自分の努力によって決まるものであると考え、パフォーマンスに対して責任をもつ。

達成モチベーション理論のもう1つの特色は、これらの達成欲求が生まれつき備わったものではなく、成長過程や大人になってからも経験を通じて習得し、向上させていくことが可能であるとしている点である（達成モチベーション理論はLearned Need Theoryとも呼ばれている）。マクレランドは、達成欲求は経験によって習得されるとの前提に立ち、部下の達成欲求を向上させるための施策として、マネジャーはたとえば次のような行動をとるとよいと主張した。

- 達成したパフォーマンスに対しフィードバックを行う。部下自身が自分のパフォーマンスを知ることができるように、職務を設計する。
- 高いパフォーマンスを達成した人をロールモデルとして活用する。
- 目標を達成する条件や方法を明確化する。

　マクレランドは当初、仕事の成功に影響を与える要因として達成欲求に注目していたが、研究を続けるうちに、達成欲求の高い人が必ずしも組織のマネジャーとして成功するとは限らず、パワー欲求が影響するというように主張を変化させていった。つまり、大企業の経営者やマネジャーには達成欲求よりもパワー欲求のほうが成功の要因として強く影響するとして、特に、パワー欲求が強く、自己肯定的で、職務遂行型の人を、大組織の経営者・マネジャーとして成功する人材の要件とした。同時にマクレランドは、親和欲求は一般的に組織の経営者・マネジャーとしては適さないが、マネジメントの中でも、人事部長のように親和欲求を要求される職務もあるとの主張を展開した。

　達成モチベーション理論についてもいくつかの批判が示されている。第1に、達成モチベーション理論が、達成欲求、パワー欲求、親和欲求の3タイプの欲求のうち、いずれの欲求が強いかの判断材料としているTAT図版のストーリーテリングに対する解釈・判断の妥当性である。専門家によるストーリーテリング解釈で人の欲求傾向が本当に正しく判断できるのか、という疑問は常についてまわる。TAT図版ではなく、クリティカル・インシデント・テクニックを用いて欲求傾向を判断するものもあるが、どの方法がよ

いのかについては、今後の研究成果が待たれている。第2に、これら3つの欲求は生まれつき備わったものではなく、経験や学習によって習得するものだという指摘である。だが欲求構造などのパーソナリティに関する要素は幼少時に形成される部分も多く、学習や経験によって習得できるとは必ずしも言い難い。

　マクレランドはその後、高いパフォーマンスを実現するより具体的な個人特性を特定するためのコンピテンシー研究を行っている。コンピテンシー研究については第3章で詳しく紹介する。

3 モチベーション理論──過程理論

3-1 目標設定理論

　パフォーマンスに対する目標設定に注目してモチベーション理論を展開したのが、エドウィン・ロックなどが主張する「目標設定理論」である。この理論で主張されるのは以下の仮説である。

① 全般的な目標ではなく、特定の具体的な目標を設定したほうが、高いパフォーマンスを達成する可能性が高い。
② 本人が達成可能であると感じる範囲内であれば、困難な目標を設定したほうが高いパフォーマンスを達成する可能性が高い。
③ 目標に対して本人が合意した場合のほうが、高いパフォーマンスを達成する可能性が高い。
④ 本人が合意しなくても、目標設定プロセスに本人を参加させただけでも高いパフォーマンスを達成する可能性が高い。

　仮説①については、実際に多くの研究で、全般的な目標よりも具体的で特定の目標を設定した場合のほうが、パフォーマンスが向上するという結果が示されている。

仮説②③④については、3つの仮説すべてについての研究結果は、ハイパフォーマンスを達成した場合もあり、そうでない場合もあるというものだ。たとえば、②については、研究は、困難な目標設定がハイパフォーマンスにつながる場合もあればそうでないものもあり、結果はまちまちである。難しい目標のほうが高いパフォーマンスが見込まれるかどうかについては、仕事内容や状況、個人特性などによっても異なる。たとえば、知的刺激や達成感が感じられる仕事の場合には、目標設定理論の主張どおりとなる場合が多い。また、自分の達成したパフォーマンスが自覚できるような職務設計であることも重要である。③の目標設定に対する合意と、④の目標設定に対する本人参画についても、合意や参画が必ずしもパフォーマンス向上につながるとは言いきれず、仕事内容や職場の状況、個人による違いがある。

　以上のように、すべてのケースで目標設定理論が主張するような結果が生じるわけではなく、目標設定理論の主張があてはまるかどうかは、仕事の種類や個人特性、さらに職場の人間関係などによっても異なってくる。また、本人が可能と考えるかぎり、高い目標設定がモチベーション向上につながるとする目標設定理論の主張には批判もある。これは組織側に高い目標設定を要求する正当な根拠を与えかねないからだ。目標設定に対する本人の参画と合意が十分でない場合、組織側の論理のみでハードワークが強要されるという問題がある。

　目標設定理論はこうした問題を抱えながらも、パフォーマンス・マネジメントなどを通じて広く職場で実践されている理論である。パフォーマンス・マネジメントに関しては、第3章で詳しく紹介する。

3-2　期待理論

　仕事の達成可能性、リワードが得られる可能性などの「期待」に注目してモチベーションの理論を開発したのがビクター・ブルームである。ブルームは、人は仕事の達成可能性、仕事の達成によってリワードが得られる可能性、そして、得られるリワードに対する好みという3つの要因を主観的に判断し、その結果によって仕事に対するモチベーションを向上させると主張した。つ

図表2−7 ブルームの期待理論が仮定するモチベーションプロセス

```
┌─────────────────────────────────────────────┐
│ パフォーマンス達成の可能性が高いと見積もる │
└─────────────────────────────────────────────┘
```

```
┌─────────────────────────────────────────────────────────────┐
│ パフォーマンス達成によってリワードを得られる可能性が高いと見積もる │
│ (ブルームの期待理論では外的リワードに焦点があてられる)          │
└─────────────────────────────────────────────────────────────┘
```

```
┌─────────────────────────────────────────────┐
│ 得られるリワードが好みに適している         │
└─────────────────────────────────────────────┘
```

出典：Gibson, J, L., Ivancevich, J, M., Donelly, Jr., J, H. & Konopaske, R. (2012) *Organizations: Behavior, Structure, Processes* (14th ed.) McGraw-Hillなどをもとに作成

まり、パフォーマンスを達成できる可能性が高いと判断し、パフォーマンスを達成した場合にリワードを得られる可能性が高く、そこから得られるリワードが自分の好みにあっていると判断した場合には、人は仕事に対するモチベーションを向上させるというのである（**図表2−7**）。なお、ブルームの期待理論におけるリワードは、主に外的リワードが中心となっている（期待理論としては、レイマン・ポーターとエドワード・ローラーの提唱したモデルも普及しており、こちらでは外的・内的リワードの両者が重視されている）。

　この期待理論仮説に基づくと、部下がモチベーションを感じるためにマネジャーは以下のような行動をすることが望ましいとされる。

- 部下が達成できると感じられる目標を設定する。そのために必要な方法として、目標達成のための具体的な方法を提示する、高い目標の場合にはいくつかの段階に区切る、どこまで目標を達成しているかについて日々のコミュニケーションやフィードバックなどを行う、などがある。
- どのようなパフォーマンスが組織にとって望ましいかを明確にする。それには、組織の価値観や行動基準などの明確化が必要となる。
- 部下の個人目標が組織全体の目標と一致していれば、部下は自分の目標達成によって組織全体の目標が達成され、それに連動して自分はリワードを得られる可能性が高いと感じるようになる。そのため組織

全体の目標と個人目標を明確な形で連動させることが重要となる。
- 部下の望むリワードを用意する。どのようなリワードを望むかは人によって異なるため、個人にあったリワードを設定することが重要となる。

これまでの研究から、期待理論は妥当性の高い理論であるとされる一方、問題点も指摘されている。人は仕事の達成可能性やリワードが得られる可能性を常に計算して行動するとは限らないという事実があるからである。ブルームの期待理論は、達成可能性が低くても、あるいは見返りが少なくても難しい仕事に挑戦する人間がいることを無視しているという指摘があり、起業や新事業開発など、達成可能性の低い仕事に挑戦しようとする動機はこの問題のために説明がつかない。また、仕事の達成可能性やリワードの可能性をどの程度計算して行動するかは、国によって異なるとする研究もある。

3-3 公平理論

公平感の視点からモチベーションを論じたのが、ステーシー・アダムスが発表した公平理論である。公平理論の紹介に入る前に、公平がもつ意味について簡単に解説しておきたい。「公平」は英語ではFairness（あるいはEquity, Justiceなど。アダムスの公平理論はEquityという言葉を使っているが、ここではFairnessを使用する）に相当する概念である。Fairnessに似た概念にEgalitarianism（平等）がある。Egalitarianismは貢献度に関係なく等しく与えられるものであり、たとえば民主主義国家における選挙権がこれにあたる。国に対する貢献度とは関係なく平等に1人1票ずつ選挙権が与えられるからだ。

一方、個人の貢献度に応じて得られるものに差がつくこと、つまりリワードに差がつくことがFairnessなのである。組織でモチベーションを考える際には、EgalitarianismではなくFairnessが重要であるため、公平理論も含めてモチベーション理論では、Fairnessの達成を目的とする。このことは暗黙の前提となっているが、年次管理に基づく年功制を実施してきた日本企業にとって、公平（Fairness）と平等（Egalitarianism）を混同してしまう場合も多いの

で注意が必要である。

公平理論の主張は、人は自分が仕事に投入したもの（努力や経験、スキル、知識などのインプット）と仕事から得たもの（昇進や昇給、昇進に伴う特権、社会的ステータスの向上などのアウトプット）の割合と、他者が仕事に投入したインプットと仕事から得たアウトプットの割合を比較し、この両者の比率が等しいと感じたときに公平感を感じ、モチベーションを向上させるというものだ。

人がインプットとアウトプットの割合を比較する他者を「比較他者（Comparison Others）」という。人が公平感を感じる状況は以下のとおりである。

◆ 公平感を感じる場合→モチベーション向上

$$\frac{自分のアウトプット}{自分のインプット} = \frac{比較他者のアウトプット}{比較他者のインプット}$$

アダムスは、人は自分のインプットとアウトプットの比率と、比較他者のインプットとアウトプットの比率（以下リワードと記載）を比較し、両者が異なっている場合に不公平感を感じると主張した。興味深いのは不公平感を感じるのは、他者との比較の際に、自分の得ているリワードが低い場合だけでなく、高い場合にも不公平感を感じると主張している点である。不公平感を感じる状況は以下のとおりである。

◆ 自分のリワードのほうが低いと感じた場合

$$\frac{自分のアウトプット}{自分のインプット} < \frac{比較他者のアウトプット}{比較他者のインプット}$$

◆ 自分のリワードのほうが高いと感じた場合

$$\frac{自分のアウトプット}{自分のインプット} > \frac{比較他者のアウトプット}{比較他者のインプット}$$

アダムスは、人は不公平感を感じると、公平感を得られるようにさまざ

な働きかけを行うと主張している。この場合の働きかけは、自分のリワードのほうが高いと感じた場合と、低いと感じた場合に分けられる。自分が得ているリワードのほうが低いと感じたときには、①自分のインプットを下げる、②自分のアウトプットを上げる、③比較他者のインプットを上げる、④比較他者のアウトプットを下げる、の4つの働きかけがなされる。

　一方、自分が得ているリワードのほうが高いと感じた場合には、①自分のインプットを上げる、②自分のアウトプットを下げる、③比較他者のインプットを下げる、④比較他者のアウトプットを上げる、の4つの働きかけがなされる。以上の行動によって自分と比較他者が得ているリワード（インプット・アウトプット比率）のレベルを同じにして、人は公平感を得ようとするのである。

　こうした行動をとることで、人は公平感を感じた場合にモチベーションを向上させる。だが、以上の行動をとっても公平感が得られない場合には、次に、①別の比較他者を選ぶ、②離職する、③モチベーションを下げたまま組織にとどまる、という行動をとるというのが公平理論の主張である。

　公平感を確立するうえで大きな問題となるのは、比較他者は誰かである。比較他者は個人が主観的に決定するものだが、人材の流動性（転職の多さ）の度合いによってこの場合の比較他者の属性は影響を受けやすい。一般的に人材流動性の度合いに応じ、比較他者の選択には以下のような傾向がみられる。

　流動性の低い社会では、職場の仲間や同じ企業に勤める社員間で比較する傾向が強く（これを内部公平感に関する比較という）、流動性の高い社会では、組織内部に加え、他社で働く社員とも比較する（これを外部公平感に関する比較という）。さらに、比較他者のタイプによって不公平感を得られたときの行動にも違いがある。すなわち、比較他者が同じ企業に勤める社員の場合にはモチベーションを下げて組織に留まり、比較他者が他社で働く社員の場合には離職するという行動をとりやすい。

　公平理論の妥当性についてこれまで多くの研究がなされており、概ね公平理論の主張を支持するものが多いが、いくつかの問題点も指摘されている。第1に、不公平感を感じても比較他者のアウトプットを下げることは難しいという事実である。たとえば、同僚で自分より働かない人がいる、上司なの

に大して仕事をしていない、などと感じても、彼らのアウトプットを下げる（降格・降給させるなど）ことは難しい。

　第2に、この理論によると、自分が損をしているという不公平感を抱いた場合、努力などのインプットを下げて、比較他者とインプットとアウトプットの割合が同等と感じられるようになればその人のモチベーションは上がる、と主張しているが、そもそもワーク・モチベーションとは仕事をしたいと思うことであり、モチベーション向上はパフォーマンス向上に結びつくはずである（そのためにモチベーションが重要となる）。だが、努力などインプットを下げることは、パフォーマンスの低下を意味するため、これでは理論的に成り立たなくなる。

　第3に、公平理論の主張は、自分のアウトプット（リワード）のほうが低いと感じた場合には理解できるが、自分のリワードのほうが高いと感じた人が、自分のリワードを下げるために行動を起こすとは考えられないというものである。これは公平理論の大きな問題点とされている。実際これまでの研究では、自分のリワードのほうが低いと感じた場合、多くの人が何らかの行動を起こすことが確認されたが、自分のリワードが他人より高いと感じた場合に、人は自分のリワードを下げてまで公平感を取り戻すための行動を起こすとは限らない、という結果をだしたものもある。

　もっとも自分のリワードのほうが高いと感じたとき、すべての人が何もしないわけではなく、比較他者に対して申し訳ないという気持ちから、同じ賃金レベルでこれまでより努力するなどの行動に出るケースもあることが明らかになっている。自分のほうが他者よりも高いリワードを得ていると感じたときにとる行動は人によって異なる。

　以上のように、いくつかの批判はあるものの、モチベーションの世界に「公平感」を持ち込んだという点でこの公平理論は重要な発見であり、人事評価や処遇における公平感の実現など、人事の世界でもこの理論がもつ意味は大きい。

3-4　手続きの公平感――公平感の別の側面

　公平理論は、報酬（リワード）の結果に対する公平感、言葉を換えると「分配の公平感（Distributive Justice）」に関する理論であるが、公平感には分配の公平感だけでなく、どのようにして報酬が決定したかに関する「手続きの公平感（Procedural Justice）」という別の側面がある。なお、手続きの公平感をさらに、手続きの公平感と評価プロセスにおける人間関係に焦点をあてる「関係の公平感（Relational Justice）」に分ける考え方もあるが、本書では、手続きの公平感としてまとめて紹介する。

　「手続きの公平感」とは、評価も含めて報酬が決定していくプロセスに対して人が感じる公平感をいう。分配に対して公平感が保たれている場合には、人は手続きの公平感に関心をもたないが、分配の公平感が崩れると手続きの公平感に関心をもつようになる、そして手続きの公平感が保たれている場合にはモチベーションを大きく低下させることはないが、分配の公平感も手続きの公平感も実現できないときにはモチベーションを低下させる、という研究結果がある。実際の組織には資金やポジションに限度があるため、すべての人が公平感を感じるような昇進や昇給を実現する、つまり分配の公平感を実現することは困難だ。しかしこの調査結果から、手続きの公平感が実現できれば人はモチベーションを維持できることが明らかになっており、この点は重要である。

　なお、その際に問題となるのが、手続きの公平感を具体的に実現するにはどうすればいいかということである。おもな方法としては、評価内容やプロセスの透明性を高めるといった例が挙げられるが、具体的には、評価項目や評価基準、評価結果の公開などがある。つまり被評価者にとっては、誰がどのような項目を使ってどのような基準で評価しているかを知ったほうが、知らない間に評価されるよりも公平感が高まるということだ。

　また、評価プロセスの透明度向上には、評価プロセスへの被評価者の参画が挙げられる。被評価者の参画は納得感・公平感の向上に非常に重要な役割を果たす。具体的な方法としては、自己評価の提出や上司との評価に関するミーティングの実施などである。これらの施策によって、被評価者は評価に

自分の意見をインプットすることができる。自己評価が最終的に決定された評価に大きな影響を与えられれば、被評価者はより公平感や納得感を高められるが、たとえ最終的な評価結果に対する影響は微々たるものであったとしても、被評価者が自分の意見を評価者に表明できたこと、状況を説明できたことだけでも、被評価者の公平感向上に役立つのである。

さらに評価ミーティングでは評価内容や基準を話し合ったり、評価者が評価理由を説明することによって、被評価者の納得感・公平感は向上できる。このように、手続きの公平感はすべての人に対して実現することが可能であり、評価制度の設計においても非常に重要である。ただしすべての人に公平感を実現できるというのは、あくまで可能性であり、実現を保障するものではないことを忘れてはならない。やり方次第では、多くの社員の公平感を低下させる要因ともなりうるということである。

手続きの公平感は、目標設定理論の主張と多くの部分で重複しており、両者の関係は同じ事象を異なる側面から議論しているとみなせるだろう。

4　職務特性理論

リチャード・ハックマンとグレッグ・オルドハムが提案した職務特性理論は、仕事の性質それ自体を対象に、仕事に対するモチベーションを論じたものである。職務内容によるモチベーション向上という面では、モチベーション向上要因を特定するという内容理論の側面もあり、同時に職務内容によってモチベーションが向上するプロセスを分析している面では過程理論の側面もあるといえる。このように内容理論と過程理論の両方の特性を有した理論と考えられる。

職務特性理論は、モチベーションを向上させるために必要な仕事の中核となる特性（中核職務特性）として以下の5つを提案している。

① **技能多様性**（Task Variety）：個人が職務を遂行する際に必要とされる活動の多様性

図表2-8 職務特性モデルが想定する因果関係

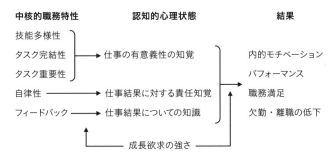

出典：Hackman, J, R. & Oldham, G, R. (1980) *Work Redesign*, FT Pressをもとに作成

② **タスク完結性**（Task Identity）：職務遂行において最初から最後まで一連のタスク（課業）を完遂できる程度
③ **タスク重要性**（Task Significance）：職務の重要性の程度
④ **自律性**（Autonomy）：職務を遂行する際の手続きや遂行方法の自由度
⑤ **フィードバック**：職務遂行の結果について知らされる程度

　人は自分の担当している仕事について、これら5つの職務中核特性の度合いが高いと感じれば、仕事に対する興味が高まりモチベーションが向上するというのが職務特性理論の主張である。つまり、仕事内容がバラエティに富むもので、仕事のある一部分だけを担当するのではなく、一連の仕事の流れをすべて自分でつかむことができ、職務遂行に際する裁量権が大きく、結果がわかる仕事のほうが、人はモチベーションもパフォーマンスも向上させやすいというものである（**図表2-8**）。
　さらに職務特性理論では、この5つの職務特性によってモチベーションがどの程度向上するかを定量的に把握するために、以下の式を提案している。

潜在的モチベーション得点＝（技能多様性＋タスク完結性＋タスク重要性）÷3×自律性×フィードバック

上記の潜在的モチベーション得点の算出方法が示すようなモチベーション式が実際に機能しているかどうかに関しては、これまでの研究ではあまり支持されていない。また、職務特性理論の主張があてはまる度合いはもちろん個人によって異なり、ハックマンとオルドハムも、成長欲求の強い人ほど職務特性による影響を強く受けやすいとしている。

　近年、職務特性理論に関して数多くの研究が行われており、それによると、職務特性理論が主張する職務特性によって、モチベーションや職務満足は向上するとしたものが多いが、欠勤率においてはそれほど影響がなく、パフォーマンスに関しても職務特性との明確な関係は見出されていない。この研究結果は残念ながら、モチベーションがパフォーマンスに直結するわけではないことを示しているともいえる。

　いずれにしても他のモチベーション理論が仕事内容そのものにあまり言及していないのに対し、職務特性理論が、仕事の特性そのものに注目して職務満足やモチベーションを論じたことは重要であり、実務的な活用・実践度合の高い理論であるといえよう。

5 ｜ モチベーション理論の多様性

　これまでさまざまなモチベーション理論を紹介してきたが、それぞれの理論の間には主張の異なる面がある。たとえば目標の困難度については、紹介した達成モチベーション理論、期待理論、目標設定理論の間で主張が異なっている。

　達成モチベーション理論では、高い達成欲求を持つ人は、中程度の目標に対して最もモチベーションを感じて高いパフォーマンスが得られるとしているのに対し、期待理論では、人は目標達成の可能性を計算して可能性が高いと判断した場合にモチベーションを向上させ、パフォーマンスが向上するとしている。このため、簡単で達成しやすい目標ほど、人はモチベーションを向上させやすい。目標設定理論では、本人ができると感じた範囲内での困難な目標が、高いパフォーマンスに結びつくと主張している。3つの理論の主

図表2-9 目標の困難度とパフォーマンスの関係──3つの理論の異なる見方

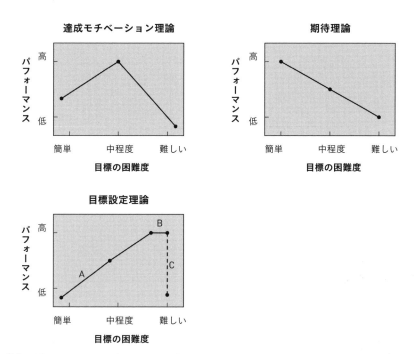

出典：Gibson, J, L., Ivancevich, J, M., Donnelly, Jr., J, H., & Konopaske, R. (2012) *Organizations: Behavior, Structure, Processes* (14th ed.), McGraw-Hillをもとに作成

張を示したのが**図表2-9**である。

　このように、目標困難度とモチベーションおよびパフォーマンスとの関係に対する主張は、モチベーション理論の間でもそれぞれ異なっている。特に期待理論では目標が簡単なほどモチベーションとパフォーマンスが向上すると主張するのに対し、目標設定理論では目標が困難なほどモチベーションとパフォーマンスが向上すると主張しており、目標困難度とパフォーマンスに対する両者の見方は真逆である。これは仕事内容や個人の特性（能力・考え方など）によって、モチベーションおよびパフォーマンスの向上要因やプロセスは異なることを示している。

　モチベーションは非常に複雑であるが、1つだけ共通しているのは、本人

が目標を達成できないと感じると、モチベーションもパフォーマンスも低下してしまうという点だ。このことからも、本人が達成可能であるとする環境（目標の内容や目標設定の仕方など）を作り出すことが重要なのである。

第 3 章
モチベーション理論の実践

1 パフォーマンス・マネジメントの展開

1-1 パフォーマンス・マネジメントとは何か

「パフォーマンス・マネジメント」とは、具体的なパフォーマンス目標を設定して目標達成に対するモチベーションを向上させ、これによって個人と組織のパフォーマンスを向上させようという組織マネジメントの手法である。かつては「目標管理＝MBO（Management by Objectives）」と呼ばれていたが、近年は欧米諸国を中心にパフォーマンス・マネジメントと呼ばれることが多く、日本の外資系企業ではこの名称を使うケースが増えている（一方、日本企業では「MBO」あるいは「目標管理」と呼ばれることが多い）。

パフォーマンス・マネジメントとMBOが使い分けられているのには理由があり、両者は異なるものだとする説も多いが、いずれの場合も、同じ名称で実施されている具体的なスキームの内容や運用状況は、各組織や各マネジャーによって異なる。このように同一名称内での取り組みの違いを考慮すれば、パフォーマンス・マネジメントとMBOはほぼ同意語と捉えてよいだろう[1]。

パフォーマンス・マネジメントの目的は、組織全体の目標から個人レベルの目標までを連続性を持たせて一体化し、個人と組織のパフォーマンスを向上させることである。具体的には、組織全体の目標を事業部から部、そして課へと段階的に伝達し、最終的には個人別に一定の期間内で具体的なパフォーマンス目標を設定していくものだ。これを英語では「カスケーディング・プロセス」という。

　このプロセスを通して組織全体の目標と個人目標のすり合わせが図られ、個人と組織双方でのパフォーマンス向上が実現するというのが、パフォーマンス・マネジメントの意図するところである。重要なのは、組織側からのパフォーマンス目標の要求というトップダウンの方向性だけでなく、下位部門のマネジャーや、最終的には個人が目標設定に参画し、意見を述べるというボトムアップの方向性をもっていることだ。

　たとえば、企業では組織全体の目標を経営トップが決め、それを担当する各事業部などに振り分けていくが、その際に経営トップと事業部長が話し合って、具体的な事業部の目標を設定する。さらに事業部内では事業部長と各部あるいは各課の長が話し合って部課の目標を設定し、部課の長と社員が話し合い、それぞれのパフォーマンス目標を設定していくことになる。このように、目標設定に際して各段階で話し合いを行うことで、目標達成に対するモチベーションとパフォーマンスの向上が期待できるというわけだ。

　その際、「パフォーマンス・マネジメント・サイクル」という個人目標達成のサイクルを通常半年あるいは1年と定め、その期首に個人目標を設定する。目標設定にあたっては、マネジャーと本人との間で目標設定のための話し合いが行われ、パフォーマンス・マネジメント・サイクルが終了する期末にパフォーマンス達成度を測定・評価する（**図表3-1**）。

　パフォーマンスの測定・評価についても目標設定と同様、マネジャーが一方的に評価するのではなく、社員との話し合いを持ったうえで実施することが重要である。目標設定や評価に本人が参画することにより、モチベーショ

---

1) パフォーマンス・マネジメントとMBOの比較に関しては、稚著『HRMマスターコース：人事スペシャリスト養成講座』（2005）をご覧いただきたい。

図表3−1 パフォーマンス・マネジメント・サイクル

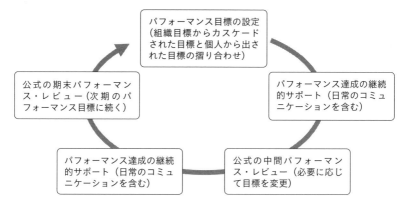

出典：須田敏子「人材マネジメント」『流通業のためのMBA入門』(2013, ダイヤモンド社)

ンやパフォーマンスを向上させるというのが、パフォーマンス・マネジメントの意図するところである。

ここまでパフォーマンス・マネジメントの目的と運用サイクルに関する規範的なモデルを紹介したが、実際には個人の参画が十分に行われず、組織側からの目標の押しつけやマネジャーからの一方的な評価で終わっているケースも多い。

2 パフォーマンスとは何か

パフォーマンス・マネジメントが対象とするパフォーマンスは、「組織パフォーマンス」と「個人パフォーマンス」の2つに大別されるが、本書では個人パフォーマンスに焦点をあて、その内容をみていくことにしたい。

個人パフォーマンスは、結果とプロセスの2つに分けられる。パフォーマンス・マネジメントにおけるパフォーマンスといえば、以前は結果を意味することが多かったが、徐々に結果を生み出すプロセスも評価対象とする動きが拡大し、後に紹介するコンピテンシー・アプローチの普及に伴い、プロセ

スを表す指標としてコンピテンシーが活用されるようになった。なお、コンピテンシーを指標とするプロセス評価のかわりにポテンシャルなど別の指標を用いる企業もあり、企業によって具体的な取り組みは異なる。本書では、パフォーマンスを「結果」と「プロセス」の2つの面から捉える。

2-1　結果面のパフォーマンス

　個人の結果面でのパフォーマンスの測定は、期首に目標を設定し、期末にその到達度合いを測定・評価するという前述のパフォーマンス・マネジメント・サイクルに則って行われる。以下に測定・評価における2つの必要条件を示したい。

　第1の条件は、目標を設定し、その目標達成度に基づいてパフォーマンスを測定するために、職責や職務内容を明確化しておくというものである。職責や職務内容は通常、職務記述書(Job Description)に明記されるが、これらの内容が明確化されておらず職務記述書もない場合は、なぜ個人目標として特定の内容・レベルの目標を設定したかについて根拠をもたなくなる。それでは目標設定も評価も公平感に欠け、パフォーマンス・マネジメントは有効性を失ってしまうのだが、日本では職務内容が明確化されていない企業が多い。パフォーマンス・マネジメントが日本で問題視される理由の1つがここにある。

　もっとも、設定される目標は必ずしも現在の職責や職務内容の範囲に限定される必要はない。企業全体や部門の状況に応じて職務内容は変化するため、それに応じて現在決められている責任範囲を超えたり、職務内容以外の項目が目標として設定されることもあるだろう。職務ベースの賃金やマーケットペイが普及した先進欧米諸国では、職務記述書に記載された職責・職務内容以外の目標が設定された場合には、職務内容の変更があったことを意味し、職務記述書が書き直される。さらに新しい職務記述書に対応したマーケットペイと現在の賃金レベルを比較し、職務内容の変更が昇給を伴うものであれば、その時点で賃金レベルについて再考が必要となる(職務ベースの賃金とマーケットペイについては、第5章で詳述する)。

また、パフォーマンス・マネジメントには人材開発という目的もあるため、長期的なキャリア開発を目指し、本人が現在決められた内容以外の職務にもチャレンジしたい、あるいはマネジャーがよりレベルの高い職務にチャレンジさせたいという場合がある。その場合、昇給を伴うような高い目標を設定するかどうかは、個々の状況に即して各マネジャーと本人が協議し、判断する。

　第2の条件は、職務内容とパフォーマンスについて直接知る人がパフォーマンスの測定・評価を行うというものである。この条件は、当たり前に思われるかもしれないが、2次評価者や全社的な評価委員会、部門・本社レベルの人事部門などが人事評価の調整を行う日本企業では、実現されていないケースが多い。調整を行うとは、1次評価者による評価結果を別の評価者が変更することを意味する。そして、評価結果を変更した人が、対象者の職務内容やパフォーマンスを直接知っているとは限らない。これではパフォーマンス評価に対する公平感・納得感に問題が生じやすいことは、容易に想像がつくだろう。

2-2　プロセス面のパフォーマンス
　　　　──コンピテンシー・アプローチ

　もう1つの側面が、結果に至るプロセスへの評価である。プロセスを評価対象とする理由には、①結果だけに着目すると短期的には結果として現れないが、組織にとっては重要なことが軽視されてしまう、②結果には本人のコントロールできない要素が影響する場合が多いため、結果だけを評価対象とすると公平感や納得感が低下する恐れがあるが、行動は個人でコントロールできる度合いが強いため、一定の公平感・納得感を保つことができる、などがある。

　プロセスを示す指標として広く活用されているのが、マクレランドの提唱した「コンピテンシー」という概念である。コンピテンシーとは、ある職務や状況に対し、基準に照らして効果的あるいは卓越した業績を生む条件としてかかわる根源的特性であり、根源的特性とは、さまざまな状況を超えて、長期間にわたり一貫性をもって示される行動や思考の方法である。これを簡

潔に表現すると、個人が長期間にわたって安定的に有する高パフォーマンスを実現する行動・思考様式ということになるだろう。

行動・思考様式のうち、パフォーマンスを生み出す直接要因となる行動は特に重要であり、コンピテンシー研究では高いパフォーマンスをもたらす行動の特定が進められている。その方法は、パフォーマンスの高い人材の行動様式を明らかにするというものであり、具体的にはハイパフォーマーとそれ以外のパフォーマーの双方に仕事の実行状況に関するインタビューを行い、両者の差を抽出して、パフォーマンスの高い人材をそれ以外の人と異ならせている行動様式を特定するという方法がとられた。

こうしたコンピテンシー研究の結果、パフォーマンスの高い人材とそれ以外の人を異ならせる行動項目と各行動項目の具体的な行動指標が明らかにされ、その結果をコンピテンシー項目（コンピテンシーヘッドライン）、各コンピテンシー項目に対する行動指標がまとめられた。

3 パフォーマンス・マネジメントとモチベーション理論の関係

次に、パフォーマンス・マネジメントについて、モチベーション理論との関係から説明する。モチベーション理論の中で、パフォーマンス・マネジメントと最も関連性が高いのは、具体的な目標を設定したほうがパフォーマンス向上の可能性が高いとする目標設定理論であろう。組織全体の目標からカスケーディングして社員個人に対して特定の目標を設定し、パフォーマンス向上を目指すパフォーマンス・マネジメントは、目標設定理論を応用した組織マネジメント・ツールといえる。

さらに、目標達成に対する本人の合意や目標設定プロセスに本人が参画することがパフォーマンス向上につながるとする目標設定理論の主張も、個人側から出された目標とカスケーディングされてきた組織目標の間で摺り合わせを図ったうえで、目標を設定するパフォーマンス・マネジメントの施策と合致する。

個人は比較他者と自身を比較して公平感を感じたときにモチベーションを

向上させるという公平理論も、パフォーマンス・マネジメントと関連性が高いモチベーション理論といえる。この公平理論において本人と他者との比較対象となるのは、インプットとアウトプットの比率である。インプットは本人が仕事に投入する知識・スキル・経験・努力などであるため、目標設定のレベルと捉えることができる。一方のアウトプットは目標達成の結果として得られる昇進や昇給、ボーナスなどの金銭的報酬、他者からの賞賛といった非金銭的報酬である。このため、同レベルの目標を達成した他の社員と比較し、会社での地位やポジション（昇進度合）、賃金、組織内外での評判などが同程度であれば人は公平感を感じ、モチベーションを向上させる傾向がある。

公平感の他の側面である手続きの公平感もパフォーマンス・マネジメントに関係する重要な概念だ。手続きの公平感の項では、評価プロセスに焦点をあてたが、設定した目標や日常業務の中で社員が公平感を感じれば、公平感とモチベーションは向上するため、目標設定や日常のコミュニケーションも含めてパフォーマンス・マネジメント・サイクル全体で重要となる。

4　パフォーマンス・マネジメントの実践方法

ここまで、2つのモチベーション理論とパフォーマンス・マネジメントの関係を見てきたが、パフォーマンス・マネジメントを実際の職場でどのように実践すれば社員のモチベーションが向上し、個人と組織のパフォーマンスを向上させることができるのか。

まずは目標設定理論が主張するような具体的な目標を設定することが、パフォーマンス・マネジメントの第1段階であり、最も重要な条件となる。目標設定の条件として挙げられるのが「SMART目標」である。SMARTとは、Specific（具体的）、Measurable（測定可能）、Achievable（達成可能）、Relevant（適切）、Timed（達成期限の設定）を意味する。目標設定理論の主たる主張である具体性に加え、測定可能、達成可能、適切、達成期限という条件が加えられている（なお、SMARTのAをAttainable［達成可能］、RをResult［結果］などと表現する場合もある）。このうち達成可能性は、目標設定理論が主張する「本人が達成

図表3-2 パフォーマンス・マネジメント・サイクルと分配・手続きの公平感との関係

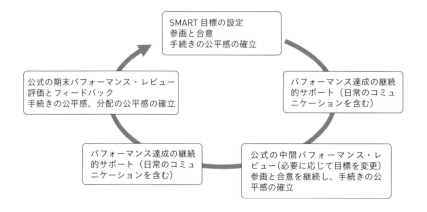

可能であると感じている範囲での困難な目標」である。達成不可能と思えば、モチベーションは一気に下がってしまう。測定可能性については、測定可能でなければパフォーマンス・マネジメントの意味はないし、達成時期については、時期が明示されなければ目標設定しないのと同じであり、いずれも重要な条件である。適切性については、組織全体の目標と個人目標の両面での適切性が重要である。この個人目標の適切性において必要となるのが、職責・職務内容の明確化である。

目標設定理論における本人の合意については、まずは上記のSMART目標という目標設定の条件が満たされる必要がある。さらに合意には目標設定への参画が前提条件となる。マネジャーにとって重要なのは、単なる形式としてではなく本人を真の意味で参画させているか、双方で合意が得られるまで話し合っているか、という点が求められる。

以上が、目標設定理論の主張する条件からみたパフォーマンス・マネジメントの具体的な職場で実践方法である。そこに分配の公平感（公平理論）、手続きの公平感の確立という要素を加え、パフォーマンス・マネジメントの実践方法を示したのが、**図表3-2**である。目標設定に関しては、SMART目標を設定すると同時に、目標設定のプロセスにおいては、組織目標に関する十分な説明や、本人から自己目標設定について十分にその理由を聞き、本人

が納得した上で目標を設定していく必要がある。手続きの公平感の確立である。

　さらに目標設定後は、中間面談や日常のコミュニケーションを通じ、目標達成に対するサポートなどを行う。問題が生じた際に部下が話しやすい状況をつくることも心がけなければならない。常に関係の公平感を継続する必要がある。さらに必要に応じて目標の変更を行い、常に目標に対する本人の参画と合意を継続し、期末のパフォーマンス・レビュー（パフォーマンスの測定・評価）においては測定・評価プロセスに関する手続きの公平感と、測定・評価結果に対する分配の公平感の確立を目指す。このサイクルを実現することが重要となる。

第4章
日本型人材マネジメントの特色と変化

　前章では日本におけるパフォーマンス・マネジメントの問題点を指摘した。続く本章では、かつて有効に機能し「日本型経営の根幹」とも呼ばれた日本型人材マネジメントの特色と、それが近年直面している変化を取り上げたい。

　日本型人材マネジメントの主要な特色として本章で取り上げるのは、雇用形態・企業規模・社員属性等による処遇格差、大企業正社員を対象とする長期雇用・年功制に代表される日本型人材マネジメントの特色、そして、大企業正社員の長期雇用・年功制の実現方法としての出向・転籍戦略という、3つの側面である。最後に、日本型人材マネジメントの近年の動向についても、正社員に対する人材マネジメントと雇用形態という2つの側面からみていきたい。

1　労働市場の階層性

　日本型人材マネジメントの特色の1つとして挙げられるのは、賃金などの処遇が職務内容やパフォーマンスによって決定する比率が低く、雇用形態や勤務する企業の規模、年齢・勤続年数・学歴・性別・扶養家族の数など社員の属性との連動する比率が比較的高いことである。

1-1　雇用形態による格差

　雇用・賃金面における正社員と非正社員間の大きな格差は、日本型人材マネジメントの特色の1つである。雇用に関しては正社員と非正社員の間で解雇規制の程度が異なる。正社員に対しても、かつて法的には解雇の自由を制限する法律はなく、民法では第627条第1項および第628条で解雇の手続きを規定しているが、前提として解雇は自由であるとする立場をとっている。たとえば第627条第1項では、「当事者が雇用の期間を定めなかったときは、各当事者はいつでも解約の申入れをすることができる。この場合において、雇用は、解約の申し入れの日から2週間を経過することによって終了する」としている。労働基準法も第19条で一定の場合の解雇制限を、第20条で解雇予告の期間を定めるにとどまっていた。

　だが、戦後多くの企業が長期雇用施策を採用するに従い、1960年代から70年代にかけて、企業都合による整理解雇を不当解雇とする判決が多く出されるようになった。現在、いわゆる整理解雇の4要件、①人員削減の必要性、②解雇回避努力、③人選の妥当性、④手続きの妥当性、が確立され、2003年には労働基準法改正により解雇規制が条文化されて、解雇権の制限に法的根拠が与えられるようになった。さらに2008年には労働契約法が施行され、第16条に「解雇は、客観的に合理的な理由を欠き、社会通念上相当と認められない場合は、その権利を濫用したものとして、無効とする」と規定された[2]。1960年代以降、このように徐々に形成されてきた正社員に対する高い解雇規制を背景に、雇用の調整弁として非正社員が活用されてきたのである。

　正社員／非正社員という雇用形態の違いによって、雇用だけでなく賃金や昇進など他の処遇面でも大きな格差が生じる。たとえば、2016年の賃金構

---

[2] 4つの条件すべてを満たすとする整理解雇の4要件に対して、4つの条件のうちいくつかを満たせばよいとする解雇規制の4要素という見解も下級審で示されており、日本の解雇規制は複雑な状況にある。

図表4-1 年齢階層別雇用形態による賃金格差（正規雇用とフルタイムで働く非正規雇用）

2016年6月の所定内賃金による比較（単位：千円）

年齢	正規雇用	非正規雇用	賃金格差（％）
年齢階層計	321.7	211.8	65.8
20-24歳	208	182.2	87.6
25-29歳	234.1	200.3	85.6
30-34歳	281.1	210.0	74.7
35-39歳	313.3	213.5	68.1
40-44歳	344.6	210.5	61.1
45-49歳	378.9	207.8	54.8
50-54歳	400.9	209.6	52.3
55-59歳	393.3	211.1	53.7
60-64歳	306.1	234.3	76.5

出典：厚生労働省（2016）「賃金センサス　平成28年賃金構造基本統計調査」

造基本統計調査で、正社員とフルタイムで働く非正社員（同一事業所の正社員と同一労働時間勤務の非正社員）との平均賃金を比較してみると、所定内賃金は正社員の321,700円に対し、非正社員では211,800円である。**図表4-1**に示したように、年齢による賃金上昇も正社員のみであり、非正社員ではほぼフラットな賃金カーブとなる。非正社員には年功制が適用されないため、年齢が高まるにつれて正社員と非正社員との賃金格差は拡大し、20-24歳では非正社員の正社員に対する賃金水準は87.6％であるのに対し、格差が最大となる50-54歳では52.3％にまで低下している。

　さらに年間賞与その他の特別賃金は、正社員1,028,300円、非正社員198,100円で、所定内賃金と賞与その他特別賃金を足して推定したおおよその現金年収ベース（実際には残業代などが加味される）では、正社員4,888,700円、非正社員2,739,700円となっており、大きな賃金格差がみられる。この正社員と非正社員の賃金格差は、大企業ほど大きく、社員数1000人以上の企業では所定内賃金で非正社員の賃金レベルは正社員の59.4％となり、上記と同じ方法で推定した年収ベースでは非正社員の賃金レベルは正社員の48.3％となる。

1-2　企業規模による格差

　正社員と非正社員ほどの格差はないが、大企業と中小企業との規模の違いによる格差がみられるのも、日本型人材マネジメントの特色である。

　雇用保障に関しては、正社員には高い解雇規制があると述べたが、実は公的規制はそれほど強くない。日本はOECD28カ国中、解雇規制の弱い上位10カ国内にあり、中位値以下である。ちなみに解雇規制レベルが最も低いのがアメリカで、イギリス、カナダがこれに続いている。逆に解雇規制レベルが最も高いのはトルコで、ポルトガル、メキシコがこれに続く。このように日本では、公的に成文化された解雇規制は強くないが、雇用保障に対する社会規範が強く、解雇をすると企業が社会的批判を受けやすいことから、社会的注目度の高い大企業ほど社員を解雇しにくいという現状がある。

　さらに労働組合の存在も大きく、企業別組合が普及している日本では労働組合が大企業に集中し、組合のない中小企業では不当解雇の訴訟期間の生活維持が難しいことも、大企業と中小企業の雇用に対する格差の原因となっている。このように、長期雇用（高い雇用保障の提供）は、企業規模によって状況が異なる。**図表4-2**に示したように、賃金に関しても企業規模による賃金格差がみられ、年齢が上がるにつれてその格差も広がることがわかる。年齢による賃金上昇率も大企業のほうが高い。

　日本の賃金の特徴として、賞与や退職金など月例給以外の報酬割合が高いことが挙げられるが、ここでも企業規模による格差が大きく、このことがさらに規模の違いによる処遇格差を拡大させている。

　日本は世界的にみても企業規模による処遇格差が大きく、以前からこれは「労働市場の二重構造」として指摘されている問題である。さらに近年は非正社員の増加により、規模と雇用形態の2つの面での処遇格差が問題となっている。

図表4-2 企業規模における所定内賃金比較

(大卒者モデル賃金比較　単位：百円)(2016年)

年齢(歳)	勤続(年)	扶養(人)	1000人以上	300-999人	100-299人	50-99人	10-49人
22	0	0	2,135	2,089	2,041	2,057	2,066
25	3	0	2,370	2,306	2,198	2,303	2,288
30	8	2	3,150	2,916	2,522	2,726	2,706
35	13	3	3,766	3,358	2,922	3,213	3,113
40	18	3	4,413	4,055	3,293	3,645	3,561
45	23	3	5,331	4,971	3,747	4,018	3,953
50	28	3	5,893	5,677	4,081	4,453	4,322
55	33	2	6,204	5,914	4,262	4,672	4,571
60	38	1	-	-	4,376	4,689	4,530

対象：所定内賃金（通勤手当を除く）
出典：300人以上＝労務行政研究所（2016）「モデル賃金・賞与実態調査」
　　　299人以下＝東京都（2016）「中小企業の賃金・退職金事情」

2 正社員に対する伝統的日本型人材マネジメント

　次に、大企業を中心とする正社員に対する日本型人材マネジメントの特色を紹介する。その方法は、人材マネジメントを構成する個別人事施策と集権的人事管理の補完性から日本型人材マネジメントの特色をみていくというものだ。補完性には、「全体の社会制度を構成するそれぞれの制度がもつ欠点を補いあい、制度全体として強みを作り出す」「その一方をより多く実行することで、他方を実行することから得られる収益が増大する」などさまざまな定義があるが、共通しているのは個々の個別施策間でシナジー効果を生み出し、全体的な有効性を増大するという点である。

　日本型人材マネジメントは、**図表4-3**に記載したように、人事に関する意思決定構造も含めた個別人事施策間で補完しあい、かつては非常に有効に機能していた。しかし1990年代以降、外部環境の変化とともにその有効性が失われはじめ、過去20年で、日本型人材マネジメントは大きく変化してきている。本書では、1980年代までに日本で完成したとされる正社員への

図表4-3 正社員に対する伝統的日本型人材マネジメントの特色

- 長期雇用（高い雇用保障の提供）
- 年次管理に基づく年功制（人事評価付年功制）、遅い選抜・昇進
- 新卒一括採用に基づく内部人材育成
- 半スペシャリスト・半ジェネラリスト型の一律型人材育成
- 人（職能）ベースの等級・賃金決定
- 集権的人事管理（グループ人事との補完性も強い）

人材マネジメントを「伝統的日本型人材マネジメント」として、紹介することにしたい。

男女格差が大きいことは日本型人材マネジメントの特色の1つであり、正社員といっても実質的に対象となるのは男性正社員のみである企業が少なくない。また、製造・サービス現場で働く現業社員を一部対象から外すなど、社員区分によって対象を絞っている企業も多い。なお、本書では男女格差や社員区分については、議論の対象から外している。

2-1　長期雇用と年功制の補完性

日本型人材マネジメントの第1の特色として挙げられるのは、長期雇用と年功制である。長期雇用と年功制の補完性についてはすでにいくつかの説明がなされているが、本書では「シャーキング理論」を取り上げる。シャーキング理論は社員の怠け（シャーキング）防止に着目して年功制の合理性を説明する理論である。キャリアの前半でパフォーマンス以下の賃金しか提供せず、キャリアの後半でパフォーマンス以上の賃金を提供すれば、社員にとってはキャリアの後半で高い賃金を手にする前に怠けが発覚して解雇されれば、パフォーマンスに連動した賃金を提供された場合と比較して、より大きな損失となる。その結果、社員の怠けは防止できるというのが、シャーキング理論の骨子である。

社員の怠け防止に着目したこのシャーキング理論を、日本の状況にあてはめて考えてみよう。パフォーマンスと年功賃金との関係を示した**図表4-4**

図表4-4 社員のパフォーマンスと年功賃金の関係

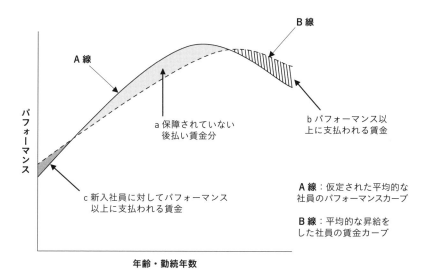

出典：須田敏子（2010）『戦略人事論：競争優位の人材マネジメント』日本経済新聞出版社

をご覧いただきたい。A線は入社から退社までの期間の平均的なパフォーマンスを仮定するカーブ、B線は平均的な昇進・昇給で得られる賃金レベルを示すカーブである。年功賃金とはA線とB線で示されるように、キャリア前半の若い時代では生み出すパフォーマンス以下の賃金を支払い、キャリア後半の中高年期になるとパフォーマンス以上の賃金を支払うものである。**図表4-4**から明らかなように、若年期にはA線がB線よりも高い位置にあり、このA線とB線の間のaで表した部分が、社員がパフォーマンスを示しているにもかかわらず支払われなかった賃金に相当する。

　一方、中高年期ではB線のほうがA線よりも高い位置にあり、bで示した部分が、パフォーマンス以上に支払われる賃金である。つまり、若年期におけるa部分の賃金は、中高年以降に支払われる後払い賃金部分と捉えられる。もしaの後払い賃金部分とbで示した中高年期にパフォーマンス以上に支払われる賃金総額とがイコールになった時点で定年とすると、個人が受け取る生涯賃金は、その人のパフォーマンスに見合ったものとなる。なお、実際に

図表4-5 キャリアの後半以降に昇給額に大きな格差が出る

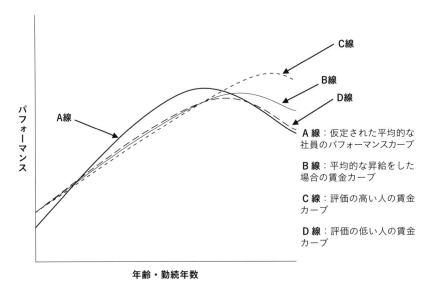

出典：須田敏子（2010）『戦略人事論：競争優位の人材マネジメント』日本経済新聞出版社

は新入社員時代にパフォーマンス以上の賃金が支払われるため、a=b+cとなるところで定年とすると、生涯賃金はパフォーマンスに見合ったものとなる。

だがここで重要なのは、中高年期で支払われると予想されるB線で示した賃金カーブは平均的な昇給をした人が受け取る賃金であり、すべての社員にB線の賃金カーブレベルが保障されているわけではないことである。**図表4-5**に示したように、平均以上に昇給した人には、若年期に貯金した後払い賃金に相当するより高い賃金が支払われるのに対し（C線の賃金カーブ）、平均以下の昇給しかしなかった人には、若年期で貯金した後払い賃金以下の賃金しか支払われない（D線の賃金カーブ）。

社員からみると、若年期に貯金したと思った後払い賃金は支払いが保障されない賃金であり、支払われるかどうかは昇給度合いにかかっている、つまり個人の評価次第なのである。このため、個人にとっては高い評価を受け続けることが重要となる。なぜなら、高い評価を受け続けなければ、若年期に受け取れなかった後払い賃金を受け取れなくなるからだ。

このように、年功制は社員に高い労働意欲を継続的に持たせるための有効な施策といえる。表面的に捉えれば若年期にパフォーマンス以下の賃金しか支払われないこのシステムはモチベーションが阻害されるような印象を受けるが、実際には労働意欲を喚起させ続けるには有効な施策なのである。
　もっとも、生涯を通じたパフォーマンスカーブには個人間で大きな差がある。若年期に高いパフォーマンスを出し、高い評価を受けているにもかかわらず、年功賃金によって低い賃金しか支払われなかった人たちが中高年期に高賃金を手にし、逆に若年期に低いパフォーマンスしかだせず評価が低かった人たちが、中高年期に低い賃金レベルとなる、という関係が見出せる。とはいえ、評価は雇用されている全期間を通じて行われるものであり、若年期に高い評価を得ていても途中から評価が低くなれば、若年期に多く貯金したと思われた後払い賃金を手にすることはできなくなる。中高年期に高い賃金レベルを得るためには、常に高い評価を受け続けなければならないのである。

2-2　高い雇用保障が可能にする年功制

　このように、企業にとって年功制は多くの社員に継続的に高い労働意欲を持たせることができる優れた施策といえるが、この年功制では高い雇用保障の提供が前提となる。もし雇用保障が低く、パフォーマンスが低下しやすい中高年期に多くの社員が解雇される可能性があるならば、そんな企業で働き続けたいと考える人はいないだろう。人が経済合理的に行動するならば、新しい知識やスキル習得のレベルやパフォーマンスが低下し、転職機会が減少するとされる中高年になるまで同じ企業で働き続けるとは思えない。
　仕事をするうえで必要なスキルは、特定の企業でしか活用できない企業特殊スキルと、広く多くの企業で活用できる一般スキルの2つに分けられる。たとえば1つの企業に勤め続けた場合、企業特殊スキルが多く習得できる反面、一般スキルは弱くなってしまい、転職が困難となる。これに対して、転職すれば複数の企業にまたがるスキルを習得する可能性が高まり、一般スキルの習得機会が増大する。この結果、転職しやすい若年期に転職を経験することによって、中高年時にも転職機会が高まりやすく、エンプロイヤビリ

ティ（雇用される能力）が向上することとなる。もっとも、あまり短期間に転職を繰り返すことはよくないが、ある程度同じ企業に勤めてから転職すれば1社に勤め続けるよりも、エンプロイヤビリティは高まる傾向があるだろう。このように、中高年時に高い雇用保障を提供することを前提にすることで、若い時期はパフォーマンスにみあった賃金を支払わない年功賃金の下では、社員を定着させることが難しい。しかも中高年の社員に対して解雇が行われるとなれば、優秀な人材が入社していくとは考えにくい。

　年功制を支えるのは高い雇用保障である。そしてこれまでみてきたように、高い雇用保障の下で社員が高い労働意欲を持ち続けるためには、年功制が適した施策であり、年功制と高い雇用保障、つまり終身雇用と呼ばれた長期雇用は補完性があるのである。

2-3　長期雇用・年功制が促進する社員間の競争

　キャリアの後半になるまで出世競争の結果を明らかにしない「遅い選抜」は、日本型人材マネジメントの特色の1つである。遅い選抜とは、若い時期には大きな昇進格差をつけず、勤続年数に応じて同じようなペースで昇進していく施策である。多くの日本企業でこの遅い選抜が実施されており、キャリアの前半には大きな昇進格差がつかない仕組みである。実際に、労働政策研究・研修機構の調査では、日本企業の昇進格差のスタート時期は7.85年と、アメリカ（3.42年）、ドイツ（3.71年）に比べて遅い傾向がある。

　この遅い選抜によって、多くの社員が昇進競争に長期間残り、多くの社員の間で激しい出世競争が繰り広げられることになる。この長期間に繰り広げられる大人数での激しい出世競争は、日本企業の競争優位の源泉の1つとしてしばしば指摘される。もっとも、遅い選抜といっても企業勤務経験のある方はよくご存じのように、企業内では暗黙のうちに知られた将来出世しやすいポジションがあり、そのポジションにつくことが将来の昇進可能性のシグナルとして発せられたり、キャリアの初期段階から同期入社の社員間に小さな昇給格差がつくなど、さまざまな形で将来の選抜可能性に対するシグナルが発せられる。だが若年期の昇給・昇格の遅れは数年間で挽回可能だったり、

昇進の遅れた人に対して逆転人事・抜擢人事が実施されることもある。こうした施策を通じ、多くの人が昇進可能性を有している、あるいは昇進可能性が完全に断たれていない状態が実質的に長く継続するわけだ。

この遅い選抜の前提となるのが年功制であり、遅い選抜は年功制を別の言葉で言い換えたものと捉えることもできる。ある時期まで、同期入社の社員間に大きな昇進格差をつけないためには、同期入社の社員たちが同じように勤続年数に応じて昇進していく必要があり、これが年功制につながるのである。

さらに日本の大企業の多くが採用している「年次管理」も、社員間の競争促進に役立っている。年次管理は同期入社の従業員を評価・昇進・昇給管理の単位と捉えるものである。年次管理によって社員たちは、同期意識を促進すると同時に、競争相手としての同期の仲間を意識するようになる。このように考えると、競争相手を目に見える形で提示する年次管理は、競争促進の有効な施策といえる。そして年次管理による競争促進を可能にしているのは、言うまでもなく年功制である。同期入社の社員間で早い時期から昇進に差をつけては、競争相手として長い間意識してもらうことは不可能だからだ。なお、遅い選抜、年次管理ともに、長期雇用を前提とした施策であることは、言うまでもない。

もちろん、年次管理の目的は競争促進だけではないし、年次管理を同期社員の競争促進目的で捉えていない企業も多いかもしれない。年次管理の効果としては、同期社員間のネットワークによって異なった部門間での情報交流が促進され、これによって仕事がスムーズにいくなどの日常業務における効果、さらには技術革新や新製品開発に結びつくといった効果も期待できる。また同期社員同士の人間関係によって、仕事のストレスが軽減されるという効果も考えられる。

2-4　長期雇用と採用・人材育成の補完性

長期雇用においては、当然中途採用ではなく新卒採用が中心となる。職業経験のない新卒採用者の多くは、職務に対する専門領域を持たないため、職

種別の採用ではなく、人事部による一括採用が適した採用形態となる。そして採用後に、雇用された企業内部で人材育成が図られる。この企業内部での人材育成で中心となるのは、広く労働市場で活用できる一般スキルではなく、当該企業のみで活用できる企業特殊スキルである。雇用者にとって重要なのは、社員が現在所属している企業でパフォーマンスを出すことであり、企業特殊スキル中心となるのは理にかなったことである。

　日本の大企業では、新卒一括採用された社員たちはジョブ・ローテーションを通じて幅広い知識とスキルを身につけていくのが一般的である。これによって社員は比較的幅広い職務から適性を発見することができ、企業にとっても適材適所を実現できる。同時に、社内での情報交流や部門間協力などにも役立ち、組織パフォーマンス向上に寄与するなどの利点もある。さらに、このローテーションによって、長期的に複数の上司から評価を受けることになり、評価の客観性・公平性を向上させることもできる。

　ジョブ・ローテーションはさまざまな面で利点があるが、これは長期雇用を前提としたものであることは言うまでもない。雇用保障が低ければ、ローテーションによって他の職種への異動を多くの社員が受け入れるとは考えにくい。たとえば総務部に10年間所属し、総務分野での経験・スキルを蓄積したのに、営業への異動を命じられたとする。この場合、営業での経験・スキルはなく、仮に総務分野で習得したのと同程度の経験・スキルを習得する前に解雇されたとすれば、この社員にとって大きな損失である。このように解雇可能性が高いと判断すれば、社員はローテーションを受け入れずに、異動の通知を受けた段階で転職する可能性が高い。実際に欧米の企業では職種内異動が一般的で、職種を超えて異動するのは、将来の経営幹部として選抜された一部の従業員に限られる。多くの社員にとって、社内での異動は社内公募（インターナル・リクルーティング）への応募に限られるのである。

　日本型人材マネジメントの特色としてもう1つ挙げられるのが、半スペシャリスト・半ジェネラリスト型の人材育成である。日本の人材育成の特色として、ジェネラリスト型の人材育成が指摘されることが多い。だがローテーションが実施されるといっても、1人の社員が多くの職種を幅広く異動することは少なく、早期選抜型の欧米企業で将来の経営幹部として選抜され

た一部の社員に比べれば、異動の幅は少ないと言える。実際に日本とイギリス企業のシニアマネジャーに関する調査では、日本企業のほうが異動の幅が小さいという結果が出ている。

とはいえ、日本企業では多くの社員が専門分野を有するスペシャリストとして育成されているわけではなく、ジェネラリストとスペシャリストの中間的存在として育成される。ジェネラリストならばジェネラルマネジャーとして転職の可能性があるし、また、スペシャリストならば特定分野で市場に通用するスキルを有している可能性が高く転職しやすい。しかしこの半ジェネラリスト・半スペシャリスト型の人材は、実は転職しにくい人材タイプといえる。転職が困難となった社員は、所属する企業への依存度を高め、企業に定着したいと強く願うようになり、企業に対するロイヤリティやコミットメントを向上させる。このように半ジェネラリスト・半スペシャリスト型の人材育成は、長期雇用と補完性がある。

日本型人材育成は、多くの正社員に一律的に適用される[3]。早期に経営幹部人材を選抜し、彼らに幅広いローテーションを経験させ、それ以外の社員には職種内で育成・活用を行うという欧米型の選抜型人材育成を行っていては、遅い選抜や年次管理に基づく年功制との補完性がなくなってしまう。このため、多くの正社員に同じような人材育成を行うことが必要となる。

2-5 長期雇用・年功制と人ベースの社員等級・賃金決定の補完性

日本以外の先進諸国では職務ベースの社員等級（職務等級）・賃金決定（職務給）が普及しているのに対し、日本で普及しているのは、職務遂行能力という人ベースの社員等級（職能資格等級）・賃金決定（職能給・属人給）である。

その理由としてしばしば指摘されるのが、長期雇用と補完関係にあるということだ。職務ベースの等級構造をもっていれば、職務の数はその時々の企業のビジネスニーズに応じて限定される。また職務の数は現在の社員数と常

---

[3] 前述のとおり、実質的には男性正社員のみであったり、社員区分を限定している場合がある。

に一致しているとは限らず、社員数のほうが必要な職務数よりも多い場合には、（少なくとも理論上は）余剰人員が発生することになる。これに対して人の能力は数で特定されることがないため、能力には定員もなく、（少なくとも理論上は）余剰人員の発生も防ぐことができる。

余剰人員とまでいかなくても、社員個人の職務内容は変化する。特に日本企業のようにジョブ・ローテーションを実施している場合には、個々の社員の職務内容は通常数年ごとに変わる。そして職務内容が変化するたびに、職務の重要度や難易度も変化する。職務の重要度・難易度の変化に応じて、職務ベースの社員等級・賃金決定方法をとっていれば、理論的には降格や降給が発生することとなる（実際に、近年多くの日本企業で降格・降給を実施している）。

これに対して、職務遂行能力といった人ベースによって等級や給与を決定していれば、以前よりも低い重要度・難易度の職務に異動となっても、降格や降給とならなくてすむ。転職の多い流動的な社会であれば、降格・降給となるような場合には転職することが比較的容易にできるが、多くの企業が長期雇用をとる日本では転職が難しいため、人ベースの社員等級・賃金決定が適している。さらに多くの日本企業は、職能等級の等級要件となる職務遂行能力を全般的・一般的にすることによって職能等級の昇格と年功制を両立させてきた（**図表4-6**）。

全般的・一般的な職務遂行能力の設定は、職能等級が広く定着した1996年に行われた調査で、「すべての職種で共通の職務遂行能力を設定している」と回答した企業が多かったことにも現れている。職務遂行能力の基準を抽象的にしておけば、職務遂行能力を評価するのは難しくなり、これに代わって勤続年数に応じた昇格となりやすい。

年功的な昇格を具体化させる方法として挙げられるのは、累積人事評価点を昇格要件とする方法である。こうしておけば、パフォーマンスが高く人事評価で最高評点をとっても昇格要件に累積人事評価点が達しなければ昇格できないし、逆に平均以下の評点をとっても、累積人事評価点の要件に達すれば昇格対象者となれる。もう1つが、最短・標準・最長滞留年数を昇格要件として設定することである。こうしておけば、どんなに高い評価を得ても最低滞留年数に達するまでは同一等級に滞留しなければならず、低評価の人で

図表4-6 各職能資格等級に対応した職務遂行能力基準の例

級	職能区分	職務遂行能力基準の定義
10	上級統轄管理職能	会社の基本的政策や方針に基づき、部またはそれに準じる組織の運営を統轄し、かつ会社の政策・方針の企画・立案・法定に参画するとともに、トップを補佐する職能段階
9	統轄管理職能	会社の基本的政策や方針に基づき、部またはそれに準じる組織の運営を統轄し、かつ会社の政策・方針の企画・立案・上申を行うとともに、さらに調整および上司の補佐をする職能段階
8	上級管理（専門）職能	会社の政策・方針についての概要の指示に基づき、部または課あるいはそれに準じる組織の業務について、自主的に企画、運営し、かつ実施上の実質的責任をもって部下を管理するとともに、上司の補佐をする職能段階
7	管理（専門）職能	会社の政策や方針についての概要の指示に基づき、課またはそれに準じる組織の業務について、自主的に企画、運営し、かつ実施上の実質的責任をもって部下を管理する職能段階
6	指導監督職能	一般的な監督のもとに担当範囲の細部にわたる専門的知識と多年の経験に基づき、係（班）またはそれに準じる組織の業務について企画し、自らその運営・調整にあたるとともに部下を指導・監督する職能段階
5	指導判断職能	担当業務の方針について指示を受け、専門的知識と経験に基づき、自己の判断と創意によって部下を指導しながら、計画的に担当業務を遂行し、上司を補佐しうる職能段階
4	熟練定型職能	細部の指示または定められた基準により、高い知識・技能・経験に基づき、複雑な定型的業務については、主導的役割をもち、下級者を指導しながら、かつ自己の判断を要する熟練的（非定型も含む）業務を遂行しうる職能段階
3	高度定型職能	細部の指示または定められた基準により、高い知識・技能・経験に基づき、日常的業務については主導的役割をもち、必要によっては下級者を指導するとともに、一般的定型的業務の指示を受けて遂行しうる職能段階
2	一般定型職能	具体的指示または定められた手順に従い、業務に関する実務知識・技能・経験に基づき、日常的定型的業務を単独で遂行しうる職能段階
1	定型補助職能	詳細かつ具体的指示または定められた手順に従い、特別な経験を必要としない単純な定型的繰り返し的業務もしくは見習的補助的な業務を遂行しうる職能段階

出典：清水勤『ビジネスゼミナール　会社人事入門』（1991、日本経済新聞社）をもとに作成

もいずれは昇格できる（1990年代後半以降、これらの方法については見直しが行われており、特に滞留年数要件は大幅に減少している）。

　このように、かつて多くの日本企業で職能資格等級を活用した年功的な昇格を行ってきたが、年功制を重視しすぎると企業のパフォーマンスに悪影響が生じることは想像に難くない。その対応策として日本企業が採用してきた

のが、資格昇格は年功的だが、ラインマネジャー（職位）への登用はより選抜的で実力主義に基づいて行う、という手法である。具体的には、ある範囲の職能等級からライン職位への選抜を行うという方法である。たとえば課長というライン職位には、職能等級6等級から8等級にある社員から選抜するという方法だ。こうしておけば、ライン職位へはより実力重視での選抜が可能となる。これは「資格（職能資格等級）と職位の二重ランキング」と呼ばれる日本特有の手法である。

　日本では「昇進・昇格」という言葉が普及しているが、この言葉自体が二重ランキングを表している。一方、英語では「プロモーション」という言葉だけで表現することが多く、これは等級昇格と昇進を分けない単一ランキングであることを示している。なお、職能資格等級において、賃金は職位ではなく職能等級に連動しているため、賃金に関しては年功制が適用されており、多くの従業員が年功的な昇給をすることが可能となる。

2-6　集権的人事管理との補完性

　ここまで企業の個別人事領域の施策間における補完性についてみてきたが、これらの特色は人事部による集権的人事管理という、人事に関する意思決定権の特色とも補完性を有している。実際、イギリス・クランフィールド大学を中心に実施された調査では、世界各国の中で日本だけが、採用・選抜・賃金決定などに関し、人事部が主たる決定部門であるという回答比率が高かった。

　では、なぜ日本型人材マネジメントと集権的人事管理には補完性があるのだろうか。その理由としてまず挙げられるのが、年次管理や年功制との補完性である。日本型人材マネジメントでは、社員個人の職務内容やパフォーマンスと処遇との連動度合が低く、年次管理や年功制をとっていた。そのため、職務内容やパフォーマンスを直接把握していない人事部門が相対的に強い権限を有する集権的人事管理でも特に問題なかったのである。

　さらに、ラインマネジャーの暴走を止める手段としても、集権的人事管理は有効に機能した。ラインマネジャーが人事管理権をもつ場合、ラインマネ

ジャーが自らの利害や好みによって部下に対する人事管理を行ってしまうという問題がある。たとえば自分より能力の高い部下に対し、故意に仕事を割り振らなかったり、低い評価を与えるなどが考えられる。また部下が高い能力を有していても、上司にそれを理解する能力が欠けているために、部下の能力を十分に引き出す仕事を与えられないといったケースもあるだろう。

　ラインマネジャーが引き起こすこうした問題を解決する1つの方法が、正当な評価を求めての部下の転職である。市場原理がラインマネジャーの横暴や能力のなさに対する防波堤となるわけだ。だが、日本のように転職の難しい社会ではこうした市場原理が働きにくく、上司と部下の関係においては上司の力が圧倒的に強いため、ラインマネジャーの暴走を止めることが難しい。

　その場合に有効となるのが、人事部が比較的強い権限を有する集権的な人事管理である。人事部はラインマネジャーのように直接的な利害を持たないため、個別社員に対してより公平な判断ができる。また人事部の強い影響力のもとでローテーションを行うことによって社員は多くの上司によって評価されることとなり、長期的視点からみて、評価の客観性・公平性を高めることが可能となる。

3 大企業の人材マネジメント戦略

3-1　出向・転籍戦略の普及

　日本企業の人材マネジメントのもう1つの特色は、大企業が中核となって形成する企業グループの中で行われる出向・転籍の普及である。雇用保障に対する社会的規範の強い日本では、特に大企業の正社員に対する雇用保障の提供が重視されてきたが、1企業内で長期雇用を維持することは難しく、大手日本企業で広く行われてきたのが、出向・転籍などを通じた長期雇用の提供であった。

　同時に出向・転籍は年功制の実現にも活用されてきた。1企業内ではグループの中核企業に採用された多くの正社員に対してラインマネジャーのポ

ストを提供することは難しいが、出向・転籍によってグループ企業における役員やラインマネジャーのポストは提供することが可能となる。

　もちろん、出向・転籍はグループの中核企業正社員の雇用保障・年功制維持という目的のためだけに行われてきたわけではない。優秀な人材を採用しやすい大企業で採用・教育された人材をグループ企業全体で活用するという目的もあり、ほかにも出向・転籍元企業では実現しにくい新事業開発の実現など、出向・転籍には多くの目的がある[4]。

　稲上毅氏によると、日本で出向制度が普及したのは1960年代以降、企業の多角化や分社化が活発になった時期であり、グループ企業に対する経営・業務支援の必要性が高まったことに由来する。1970年代のオイルショック以降、親会社の余剰人員の受け皿としてのグループ企業への出向・転籍などが始まり、1980年代後半から出向・転籍数は大幅に増加する。1980年代中盤に発生した円高により、価格競争力を失った産業・企業を中心に、グループ企業さらにはグループ外企業への出向・転籍が増加していく。こうした状況のもとで1989年以降、雇用動向調査が出向に関する統計を行っている。

　さらに1990年代になると、転籍の増加、出向・転籍の理由としての事業移管やスピンオフの増加、出向・転籍先が資本関係のない下請けやベンダーなどの取引先を含む外部労働市場に及ぶといった傾向がみられるようになる（日本では製造業を中心に、ベンダー＝下請けという場合が多い）。

　出向・転籍は、グループ経営や下請けやベンダーとの長期的関係をもつ日本型経営戦略と深く結びついた人材マネジメント戦略であり、両者は補完性を有していると。以下では、経営戦略も含めた出向・転籍の歴史について概観してみたい。

3-2　出向・転籍の歴史

　日本では下請企業の歴史が古く、下請問題が取り上げられるようになった

---

[4]　出向・転籍はグループの中核企業からの出向・転籍だけではなく、グループ企業から中核企業へ、グループ企業間など、さまざまな形態がある。

のは1930年代からであった。戦時体制下では生産性向上を目指して下請工場の特定企業への専属化・協力会社化が図られ、さらに戦後になると加工組立を中心に普及していく。同時に下請企業から社外工の受け入れも行われる。戦後日本の人材ポートフォリオについて歴史的に分析した仁田道夫氏によると、組立・加工を行う下請け企業から受け入れた社外工や臨時工が、日本で最初に普及した非正社員であった。社外工とはおもに長期雇用関係のもと、大企業から一定の業務を請負う下請企業で働く労働者である。1950年の職安法の作業請負規制の強化で減少したが、1952年、職安法の規制緩和後にその数は増加し、1960年代以降、鉄鋼業や造船業などで社外工の活用が増加した。

　一方、グループ経営に関しては、子会社や関係会社など関連会社の数は戦後加速度的に増大し続け、特に1970年代以降、増大傾向が急速に高まっている。新規事業をスピンオフさせてグループ企業として緩やかな連携を保つというスタイルは日本企業特有のものであるが、1960年代からはさらにこうしたスピンオフ型の関係会社が増加していく。スピンオフは事業部分社化からスタートし、その後、営業・サービス部門、管理部門、製造部門などにも拡大する。このスピンオフ企業を含むグループ経営の進展に伴い、出向・転籍も増加していくこととなる。

4 ｜ 変化する日本型人材マネジメント

　本節では、これまで紹介してきた日本型人材マネジメントに見られる近年の変化について、正社員に対する人材マネジメントと雇用形態という2つの側面から考えていきたい。

4-1　正社員に対する伝統的日本型人材マネジメントの変化

　2012年に労働政策研究・研修機構が実施した調査によると、過去5年間で退職勧奨を実施した企業の割合は全体では16.4％、正社員1000人以上の

企業では30.3%であった。また、普通解雇と整理解雇の内訳についても全体では普通解雇16.0%、整理解雇8.6%であったが、正社員1000人以上の企業ではそれぞれ20.7%、30.3%と、より高い割合で実施されていることがわかった。さらに退職勧奨にあたり、労働組合や他の社員代表と協議しなかったとする割合が全体で62.8%、社員1000人以上の企業でも52.2%で協議していなかった。

　希望退職や早期退職はすでに多くの企業で実施されており、日本企業に定着した感があるが、前述の調査によって、正社員に対する高い雇用保障を提供する大企業というこれまでの見方とは異なる結果が表れたともいえる。企業の実態は、学界やメディアで認識されるより早く変化しているのかもしれない。

　長期雇用を行う企業が多いとする見解は、企業の人事部に雇用に対するポリシーを尋ねる大規模サーベイの結果に基づくケースが多い。だが、実際に企業で行われているのは、たとえば本章で取り上げた出向・転籍も含めたもっと複雑なものである。特に転籍は雇用関係を断つものであり、雇用保障・処遇の両面で正社員に与える影響は大きい。M&A（部分的M&Aも含む）が起これば、正社員にとっては雇用主が変化することとなり、自動的に雇用ポリシーも処遇も変化してしまう。人事部に対する雇用ポリシーに関するアンケート結果のみに基づいて議論を進めると、複雑な現実に十分な目配りをしていないことになるだろう。

　雇用以外の個別人事施策についてみてみると、1990年代中盤以降に始まった成果主義人事の普及とともに、日本型人材マネジメントにおいてもさまざまな変化が起きている。その動向を、「日本的雇用・人事の変容に関する調査」（日本生産性本部）から捉えてみよう。

　成果主義の先駆的人事施策として、最初に導入されたのが年俸制である。年俸制は主に管理職を中心に導入されており、管理職の導入比率についてみると、9.55%（1996年）、14.6%（1998年）、22.7%（1999年）、25.2%（2000年）、34.8%（2001年）、40.9%（2002年）、35.1%（2003年）、39.1%（2004年）、37.4%（2005年）、42.3%（2006年）と年々高まっている（同調査では2006年以降は調査項目から年俸制を外している）。1990年代末から導入が進んだコンピテンシー・ア

図表4-7 職能給と役割・職務給の導入割合(%)

	1999	2000	2001	2003	2005	2007	2009	2012	2013	2016
職能給(管理職層)	80.9	82.4	67.0	60.6	57.5	74.5	69.9	65.8	69.2	66.9
職能給(非管理職層、2001年調査=中堅層)	85.2	87.0	76.1	69.3	70.1	80.9	80.7	77.3	81.1	78.3
職能給(非管理職層、2001年調査=一般職層)			76.7							
役割・職務給(管理職層)	21.1	43.9	49.9	53.4	61.0	72.3	70.5	79.2	76.3	74.4
役割・職務給(非管理職層、2001年調査=中堅層)	17.7	24.9	32.9	34.3	40.9	56.7	51.1	58.4	58.0	56.4
役割・職務給(非管理職層、2001年調査=一般職層)			16.2							

出典:日本生産性本部「日本的雇用・人事システムの変容に関する調査」

プローチについては5.7%(1999年)、5.6%(2000年)、11.2%(2001年)、15.8%(2002年)、20.7%(2003年)、25.7%(2004年)、29.1%(2005年)、26.6%(2006年)、23.1%(2007年)、29.9 %(2012年)、29.5%(2013年)、32.3%(2014年)。退職金面での成果主義施策であるポイント退職金制については18.8%(1998年)、24.6%(2000年)、30.1%(2001年)、30.7%(2002年)、42.2%(2003年)、53.2%(2006年)、53.2%(2007年)、58.5%(2009年)といずれも導入割合が増えている。特にポイント退職金制度の普及率が高い。

近年、正社員に対する人材マネジメントで特に注目されるのが、人(職能)ベースの人材マネジメントにみられる変化であろう。前述のとおり、人(職能)ベースの人材マネジメントは、長期雇用・年功制を支える重要な特色であった。だが、成果主義人事の進展とともに1990年代中盤以降これらのマネジメントにも変化がみられ、職務や役割といった職務ベースの人材マネジメントを導入する企業が増加している。

「日本的雇用・人事の変容に関する調査」では、職務給・役割給・職能給の導入状況について調査を行っている。管理職・一般職に対する3つの給与施策の導入状況は**図表4-7**のとおりである。合計が100%以上になっているのは、職務給と役割・職務給を併用している企業が多いためである。なお、1999年調査では役割給は選択肢になく職務ベース給与は職務給のみであっ

図表4-8 正社員・非正規雇用の割合（％）

年	正社員	非正規雇用
1990	79.8	20.2
1995	79.1	20.9
2000	74.0	26.0
2005	67.4	32.6
2010	65.6	34.4
2011	64.9	35.1
2012	64.8	35.2
2013	63.3	36.2
2014	62.7	37.3
2015	62.6	37.4
2016	62.6	37.4

出典：総務省「労働力調査」

たが、2000年調査より役割給が加わり、職務給・役割給という質問項目となっている。

4-2　雇用形態の変化

　1990年代後半、日本の雇用形態は大きな変化を迎えた。**図表4-8**に示したように、1990年代後半以降、非正社員の割合が拡大しており、2005年以降、被雇用者の3分の1以上が非正社員である。こうした変化の原因として、長期的な経済停滞の中で、企業が高い雇用保障と処遇を要求される正社員の採用を抑制したこと、派遣社員に対する規制緩和など法的な後押しがあったことが関係している。非正社員では、パート990万人、アルバイト417万人、契約・嘱託403万人となっており、派遣社員は285万人にとどまっている。また、女性労働力の増加も忘れてはならない。25歳以上の女性の労働力比率は一貫して増加しているが、これが非正社員の割合が上がっている1つの理由である。

4-3 複雑化する日本企業の人材マネジメント

　本章では、日本型雇用の特色として雇用形態や企業規模による処遇格差など労働市場の階層性を紹介してきたが、国際的にみると、こうした日本型人材マネジメントは、高い雇用保障と処遇を得るコア社員とそれを支える非正社員という、コア・周辺（Core& Periphery）戦略の代表例として捉えられることが多かった。

　さらにこの20年ほどは、非正社員の増大、非正社員の中でもパート・アルバイトなどの直接雇用と派遣・請負などの間接雇用という雇用形態の多様化が進展している。加えて、近年注目を集める地域限定の「限定正社員」と呼ばれる正社員と非社員の中間的な雇用形態もあり、正社員における雇用形態も多様化している。

　筆者は海外での調査経験から、日本の正社員の概念は狭い範囲に限定されたものと考えている。たとえば英米などではemployee（被雇用者）と呼ばれる人材の中に事業所限定社員が含まれるケースも多く、日本における近年の限定正社員は欧米などでは一般的なことと思われる。

第5章 欧米型人材マネジメントの特色

1 同一労働同一賃金を実現する人材マネジメント

　第4章で紹介した日本型人材マネジメントは、世界的にみると非常にユニークである。本書では、日本以外の先進国[5]で普及している人材マネジメントを「欧米型人材マネジメント」として紹介する[6]。大陸欧州諸国では、日本以上に雇用保障に対する規制が強い国が多く、平均勤続年数も長い。先進諸国の人材マネジメントを大別すると、日本、大陸欧州諸国、アングロサクソン諸国の3類型とされる。大陸欧州諸国とアングロサクソン諸国の人材マネジメントもまた異なっているが、本書では両者をまとめて「欧米型」と呼ぶ。

　前章で紹介したように、人（職能）ベースの人材マネジメント、ラインに対する人事部の相対的権限の強さ、マーケットペイの活用が行われず組織内評

---

[5] ASEAN、BRICsなどの新興国でも、日本以外の先進国と基本的に類似した人材マネジメントをとっているが、全国規模のデータが収集できないため、先進国間の比較とする。
[6] オーストラリアやニュージーランド、シンガポールなどのように、欧米以外にも先進国は存在するが、本書では先進国を代表する言葉として、「欧米」を用いる。

図表5-1　欧米型人材マネジメントの個別人事施策の特色

- 外部労働市場からの人材調達
- 経営機能別・職種別・職務別採用
- スペシャリスト・ジェネラリストの分離、早期選抜
- 職務ベースの社員等級・賃金決定（成果主義・現価主義）
- 分権的人事管理
- 流動的な労働市場

価だけで給与額を決定する組織型賃金決定などは、日本型人材マネジメント特有のものである。さらに長期雇用といっても、マネジャーやホワイトカラーに関しては大陸欧州諸国でも転職・外部人材調達が一般化しており、経営者も含めて内部昇進・内部人材育成方式をとる日本は異質といえる。

このように、特にホワイトカラーに関して日本以外の先進諸国内では共通する特色が多いため、大陸欧州諸国と英米などのアングロサクソン諸国の相違があることは認識しつつも、本書では両者をまとめて「欧米型人材マネジメント」と呼ぶことにしたい。欧米型人材マネジメントの特色を示したのが**図表5-1**であり、ここに示した特色は、日本型人材マネジメントと同様に互いに補完性を有している。以下にその内容を紹介する。

なお、本章で紹介する欧米型人材マネジメントは、近年議論されている同一労働同一賃金を実現する人材マネジメントである。「同一労働同一賃金」とは、勤務する組織、雇用形態、学歴・年齢・性別・勤続年数・扶養家族などの属人的要素にかかわらず、同じ仕事あるいは同じ価値の仕事をしていれば同額の賃金を支払うという賃金施策であり、勤務する組織（企業規模等）、雇用形態、学歴・年齢など属人的要素との関連が強い日本型賃金施策とは異なる。

2　外部人材調達・職種別・職務別採用間の補完性

まず、外部労働市場からの人材調達と採用施策との補完性について述べた

い。外部労働市場から人材を調達する場合、必要な人的要件がすでに明らかであるため、職種別・職務別の採用が適している。さらに職務別採用となれば、対象となる人材には職務を遂行するのに必要な知識やスキル、経験が求められるため、当該あるいは関連する職務の経験者が採用ターゲットとなる。欧米諸国においてももちろん新卒採用は行われているが、日本のように採用の中心的なターゲットとはみなされにくい。

　新卒採用に関しては、新卒者を中途採用とは別枠で採用する場合と、特に新卒採用枠を設けず中途採用と一緒に採用する場合の両方がある。新卒と中途採用の別枠採用を行うのはおもに大企業であり、その場合も職種別採用が一般的だ。新卒者を別枠採用する場合の人材育成施策は企業によって異なり、採用後2〜3年は育成期間として本配属は行わず、短期間ずつ関連する複数職務に仮配属しながら育成するケースもあれば、採用後すぐに本配属するケースもある。採用後すぐに本配属するか、仮配属で関連部署を短期ローテーションで経験させるかという選択には、本社人事部が人件費を負担するか、所属部門が負担するかという人件費計上との関連性が強い。欧米諸国では、人件費は原則的に所属部門で負担するが、新卒採用社員については本社経費で計上する企業もあり、こうした企業では入社後すぐに本配属とせず、関連職務を経験させるケースが多い。

　いずれにしても欧米諸国では、日本のような人事部主導の新卒一括採用は行われない。職種別・職務別採用となれば、職種・職務に精通したラインマネジャー主導の採用が合理的であるためだ。

3　人材育成・選抜・異動施策間の補完性

　次に、労働市場からの人材調達、職種別・職務別採用と、人材育成・選抜・内部異動との補完性をみてみよう。解雇が比較的容易になされる市場で働く労働者にとって重要なのは、転職できる能力を身につけることである。そのためのキャリア開発の方向性としては、特定の職種で専門的能力を習得したスペシャリストになるか、経営者としての能力を身につけたジェネラリ

ストになるか、の2つの道が考えられる。いずれも日本の半スペシャリスト・半ジェネラリスト型の人材育成とは逆の考え方である。欧米では一般的にこのスペシャリストとジェネラリストを分離したキャリア開発が普及しており、ジェネラルマネジャー育成のための教育コースであるMBAが欧米で発展してきたのもその表れといえる。

　筆者は日本とイギリスの企業調査を行ってきたが、日本に比べてイギリスのラインマネジャーのほうが、人材マネジメントを重要な職務と位置づけ、多くの時間を費やしていると実感させられることがしばしばあった。また、イギリスのラインマネジャーたちの姿勢には、ラインマネジャーになることは、専門分野の労働市場からマネジャーという別の労働市場に移ることを意味し、マネジャーとしての能力が評価されなければその市場では生き残れないという強い意識が感じられた。

　スペシャリストとジェネラリストに分けたキャリア開発には、ジェネラリストの早期選抜が必要となるが、これも日本型の遅い選抜方式とは逆である。ジェネラリストもスペシャリストもその分野でエンプロイヤビリティ（雇用される能力）を向上させるには、早い段階で自身のキャリア開発の方向性を決定することが不可欠だ。

　将来の経営幹部である少数のジェネラリストを早期選抜するとなると、選抜からもれた（あるいは自身で選択した）多数のスペシャリストにとって必要なのは職種内での異動である。企業側にとっても彼らに職種を超えた異動を行う合理性はないため、職種内異動が中心となる。このため、欧米の流動的な労働市場では外部移動性は高いが、内部異動性は低くなる。

　欧米型の人材マネジメントでスペシャリストが企業内で職種を超えた異動を実現するには、自身で社内公募に応募し、応募先の部門から採用される方法が主流であり、「インターナル・リクルーティング」と呼ばれる社内公募が職種を超えた内部異動の一般的な形態となっている。

4 職務ベースの社員等級

　職種別・職務別の採用、職種内の異動が行われれば、社員等級や賃金の決定方法は、日本のような人(職能)ベースではなく、職務ベースの社員等級・賃金決定が適している。賃金決定は社員等級に連動しているため、本書ではまず、社員等級について紹介していく。

　職務ベースの社員等級の設計手順は「職務分析➡職務評価➡職務評価に基づく等級構造の決定➡個人の担当職務を評価し、該当する職務等級に格付けする」という流れで行われる。職務分析・職務評価で等級構造を決定し、社員各人の等級格付けを決定するため、社員等級は職務に応じて決定されることになる。世界各国で行われているのは、この職務に基づく社員等級と賃金などの処遇の決定である。以下では、職務ベースの社員等級の設計プロセスについて詳しく紹介する。

4-1　第1ステップ──職務分析

　職務分析(ジョブ・アナリシス)とは各人が担当する職務内容を分析し、職責や具体的な職務内容と、職務遂行のために社員に必要とされる知識やスキル、経験、行動などを明確化するプロセスである。職務分析には、直接観察、自己記述やダイアリー、質問票、インタビューなどさまざまな方法がある。

　職務分析により職務内容が明らかとなり、職務内容を定義する「ジョブ・ディスクリプション(職務記述書)」と職務遂行に必要な人の要件を特定する「パーソン・スペシフィケーション(日本語訳はなし)」が作成される。ジョブ・ディスクリプションとパーソン・スペシフィケーションに含まれる内容は以下のとおりである。

- ジョブ・ディスクリプション

(以下は英文テキストに記載された内容であり、日本では異なる場合もある)
　- ジョブタイトル

- 職責（責任範囲・レベル、部下を監督する内容・範囲などを含む）
- 職務に含まれる主要なタスク
- 組織階層（レポート構造）
- 報酬条件
- 職務環境（所属部門・グループ、職務遂行に必要な他者との関係などを含む）
- 勤務地

◆ パーソン・スペシフィケーション

　ジョブ・ディスクリプションに記載した職責やタスクを遂行するために要求される知識・スキル・経験・行動などを記載したもの。必要な資格や学業レベルなどが含まれる場合もある。

4-2　第2ステップ——職務評価

　第1ステップの職務分析に次いで行われるのが、職務評価（ジョブ・エバリュエーション）である。「職務評価」とは、組織内の複数の職務間で相対的な重要度・影響度・難易度などを評価することである。職務評価にはいくつかの方法があるが、主に2つの軸で分類できる。1つめの分類軸は、職務全体を対象に相対的な重要度・難易度などを評価するか、あるいは職務を構成する要素に分類し、各要素に対して相対的な重要性・難易度などを評価するかである。前者を「非分析型職務評価」、後者を「分析型職務評価」という。もう1つの分類軸は、比較のベースを職務対職務とするか、あるいは職務対スケールとするかである。この2つの分類軸から職務評価方法を分類したのが、**図表5-2**である。

　図表5-2に示した職務評価方法から、非分析型職務評価と分析型職務評価を紹介する。

◆ 非分析型職務評価

　非分析型職務評価とは、職務を構成する要素に分割せず、職務全体を対象に相対的重要度を評価する方法である。たとえば以下の方法がある。

図表5-2 職務評価方法

		比較要素	
		職務全体（非分析型）	要素ごと（分析型）
比較のベース	職務対職務	ジョブランキング 組織内のベンチマーク ペアード・コンパリゾン マーケットプライシング	ファクターコンパリゾン
	職務対スケール	ジョブ・クラシフィケーション	ポイントファクター

出典：Armstrong, M. & Murlis, H. (1998) *Reward Management: A Handbook of Remuneration Strategy and Practice* (4th ed.), Kogan Page をもとに作成

- ジョブ・ランキング：個々の職務を要素に分割せず、全体として各職務の重要度を比較し、相対的な重要度に応じて職務を階層化していく方法。
- ジョブ・クラシフィケーション：職務全体として各職務の重要度を比較するという点ではジョブランキングと同様だが、異なるのは、あらかじめいくつかの職務等級を設定しておき、さらにそれぞれの等級に対して責任・個別タスク・スキル・経験・行動などのレベルを設定し、組織内の個別職務を対応する等級に振り分ける点である。日本の職能資格等級に似ているが、異なるのは、日本の職能資格等級が職務遂行能力を基準として等級レベルを設定するのに対し、ジョブ・クラシフィケーションでは職務を基準として職務内容と職務が要求する人的要件をもとに等級レベルが設定される点である。

◆ 分析型職務評価

「分析型職務評価」とは、職務を構成する主要な要素を設定し、設定された各要素に対して各職務の相対的な重要性を比較していく方法である。たとえば以下の方法がある。

- ポイントファクター：職務を主要な要素に分け、各要素ごとに職務間

で相対的な重要度を評価し、評価結果をポイントで表す。各要素に対してそれぞれの職務が取得したポイントを足していき、その職務の価値をポイントで表し、ポイント順に組織内の職務に順位をつける。

　このようにさまざまな職務評価方法があるが、いずれの職務評価方法においても組織内の職務が評価結果に応じてランキング（序列づけ）され、ランキング順に職務を並べ、それを職務群に分けて等級化して等級構造を作る。なかでも多くの大企業で導入されているのが、各職務の重要度・難易度などを点数で示すポイントファクター職務評価である。このポイントファクター職務評価を用いた等級構造の設計方法とは、たとえばポイント150以下を1等級とし、151〜220を2等級、221〜300を3等級とするといった具合にポイント別に等級分けし、さらに、各社員の担当職務がそれらのどの等級に対応しているかで等級に社員を格付けし、社員各人の職務等級を決定するというものである。

5 ｜ 職務ベースの賃金決定

　このように社員の等級構造が決定し、個々の社員が対応する社員等級に格付けされると、その社員等級に連動して各人の賃金レベルを決定する。その際の具体的な決定方法は、大きく2つのステップに分けられる。第1ステップは組織内での評価、第2ステップは外部労働市場での評価である。

5-1　第1ステップ——組織内での評価

　組織内の賃金決定は、さらに2つの内容に分けられる。1つは職務等級に連動した賃金グレードや賃金レンジの設定という賃金構造の決定、そしてもう1つは、決定した賃金構造の対応するグレードおよびレンジに個別の社員を振り分けていくという個別社員に対する賃金決定である。

図表5-3 伝統的賃金グレード構造

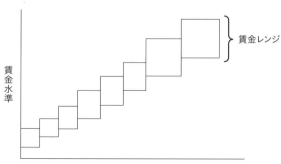

出典：Armstrong, M. & Murlis, H. (1998) *Reward Management: A Handbook of Remuneration Strategy and Practice* (4th ed.), Kogan Pageをもとに作成

(1) 賃金構造の決定

　職務分析・職務評価に基づいて設計された職務等級によって賃金グレードが設定される。賃金グレードの数は、職務等級と同じである場合もあれば異なる場合もあり、その数については、各職務の賃金レベルを反映して個々の組織が判断する。欧米における伝統的な職務給の賃金グレード構造を**図表5-3**に示す。

　賃金グレードの数が決まれば、各賃金グレードに対して最高ポイントと最低ポイントを決めて賃金レンジを設定し、さらに各賃金レンジ間のオーバーラップをどの程度にするかを決める。賃金レンジ幅および賃金グレード間のオーバーラップはともに賃金グレードによって異なるのが普通である。

　さらに1つの賃金グレード内に複数のサブレンジを設けることも一般的に行われている。**図表5-4**示したように、1つの賃金レンジ内にライジングゾーン、スタンダードゾーン、エクストラゾーンの3つのサブレンジを設定し、昇給率をライジングゾーン＞スタンダードゾーン＞エクストラゾーンとして、1つの賃金レンジ内で下位のサブレンジでは昇給率を高くして、上位のサブレンジでは昇給率を低くするというものである。これは賃金グレードが昇格した当初は高い昇給率が得られるが、同一グレードに長期間停滞するにつれて昇給率を低くするというものである。

図表5-4 職務給賃金グレード・賃金レンジの例

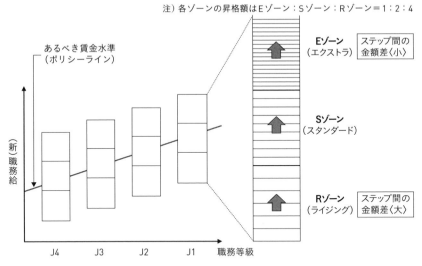

出典:「労政時報」第3568号(2003年1月3日号)

　1990年代後半からは日本でもこうした職務ベースの賃金グレード・賃金レンジ構造を導入する企業が増えている。**図表5-4**に紹介した賃金グレード・賃金レンジの例も、実際にある大手日本企業のものである。

(2) 社員個人の賃金グレード決定

　賃金構造が決定すれば、次に行うのは社員各人の、①該当する賃金グレードへの格付け、②格付けられた賃金グレードの賃金レンジ内の位置付けという2つの決定である。①は担当する職務の職務評価で決められる。ポイントファクター職務評価を行った場合は、担当職務のポイントに応じ、該当する賃金グレードに格付けされる。②に関しては、職務評価結果と社員の人的要件(知識・スキル・経験・行動・パフォーマンスなど、さまざまな人的側面に対する人事評価結果)に応じて決められる。

　以上のように、職務ベースの賃金決定においては、賃金グレードの決定に対して評価対象となるのは担当する職務であり、賃金グレードに対応した賃

金レンジ内での位置決定に対して評価対象となるのは、担当職務と人的要件の2つである。賃金レベルの決定に際し、このように職務と人という2つの要因が評価対象となるのが、日本型人材マネジメントに特有の人ベースの賃金決定とは異なる点である。人ベースの場合、賃金等級決定、賃金等級内の位置付けのいずれにおいても評価対象となるのは人的要因である。

5-2　第2ステップ──外部労働市場での評価

　このようにして組織内での相対的な賃金レベルは決まるが、具体的な賃金額を決めるのは、外部労働市場における職務に対するマーケットペイ（市場賃金）である。特に欧米諸国では、職務ごとのマーケットペイが確立されている国が多く、個人賃金の決定にマーケットペイを考慮することが一般的に行われている。本書では各賃金レンジに対応して設定されている賃金レンジのミッドポイントの賃金レベルを決定するという伝統的な方法と、よりマーケットペイを重視した近年の動向（マーケットプライシング）について紹介する。

(1) 伝統的方法

　マーケットペイの収集方法は国全体、地域別、産業別、職種別のマーケットサラリーサーベイや求人広告（求人広告には通常、簡単なジョブ・ディスクリプション、年収、勤務地、主な福利厚生の内容が記載されている）などさまざまだが、大企業において中心となるのは、コンサルティング会社等の専門機関で実施するマーケットサラリーサーベイに参加し、マーケットペイを収集するという方法である（これを「クラブサーベイ」という）。

　マーケットサラリーサーベイに参加してマーケットペイを収集する方法には、以下のものがある。たとえば大企業で多く採用されている職務評価方法はポイントファクター職務評価であるため、マーケットサラリーサーベイにおけるマーケットペイ収集方法も、ポイントファクター職務評価に連動した方法が普及している。つまり、ポイントファクター職務評価では個々の職務の重要度や影響度、難易度がポイント表示されているため、その職務評価のポイントに応じてマーケットペイが収集される。もっともすべての職務に応

じてマーケットペイが収集されるのではなく、代表的な職務、対象人員の多い職務などで収集され、他の職務の賃金水準はマーケットペイを収集した職務との相対的な重要度や影響度、難易度に応じて決定される。

　以上のように、収集したマーケットペイによって各賃金グレードのミッドポイントの賃金レベルが決定する。**図表5-4**の例では、「あるべき賃金水準(ポリシーライン)」と矢印で記載された場所の賃金レベルがマーケットペイによって決まることになる。

　職務に応じたマーケットペイの収集および活用は、職務ベースの社員等級・賃金制度を導入する企業が増えるにつれて、日本企業でも徐々に普及しつつある。外部競争性を重視するマーケットペイの活用は、人材流動性の度合いに影響されやすいため、流動性の高い産業や職種などで活用されることが多くなっている。

(2) 近年の動向——マーケットプライシング

　近年、日本でも職務給やマーケットペイを導入する企業が増えているが、人材の流動が激しい欧米諸国では、マーケットペイをより重視した「マーケットプライシング」(あるいはmarket-driven pay)と呼ばれる新たな賃金決定方法も普及しはじめている。マーケットサラリーサーベイに参加し、簡単なジョブ・ディスクリプションに基づく個々の職務のマーケットペイを収集し、そこから賃金を決定するというものだ。具体的な方法は以下のとおりである。

　まず、マーケットサラリーサーベイ実施機関(主にコンサルティング企業)が参加企業に簡易なジョブ・ディスクリプションとサラリーデータ(基本給年収、キャッシュインセンティブ、株によるインセンティブ、ベネフィットなど)を記入するシートを配付する。参加企業(人事部)は社員に記入シートを配付し、社員は自身の職務内容(ジョブ・ディスクリプション)とサラリーデータを記入して人事部に戻し、人事部がサーベイ実施機関に返送する。

　次に、サーベイ実施機関は、収集したサラリーデータに即して組織階層、職種別キャリア階層、職務タイトル(簡単なジョブ・ディスクリプションもついている)を記載、さらに各職務タイトルに応じたマーケットペイ(下位四分位・中位・上位四分位などの賃金レベル)を記載したマーケットサラリーサーベイ報告

書をサーベイ参加企業に配付する。サーベイ参加企業は、報告書に記載された組織階層、職種別キャリア構造、ジョブ・ディスクリプションなどに応じて各社員の職務に類似した職務の賃金レベルを知り、これに基づいて個人賃金を決定していく。

こうしたマーケットプライシングの手法は、職務ポイントに応じてサラリーデータを収集し、賃金レンジのミッドポイントに対する賃金レベルを決定するという従来の方法とは異なっている。これは人材の流動化が進行し、組織内の内部公平性よりも外部競争性が重視されるようになった結果として生じた変化である。

人材流動化が進む社会においては、組織内の相対的な職務評価と労働市場でのマーケットペイの間に乖離が生じた場合、必要とされる人材を採用し、定着させるには、組織内の相対的評価よりもマーケットペイを重視した賃金決定が必要となる。実際にこうした状況が現実のものとなっていることから、組織内の職務評価を基準とした賃金グレードや賃金レンジでは対応できなくなり、職務に応じたマーケットペイを直接反映させて個々人の賃金を決定しようというマーケットプライシングへの変化が起きたといえる。

このため、企業もマーケットペイの収集・活用を積極的に行うようになり、マーケットサラリーサーベイの精度を上げるために複数のサーベイに参加し、自社版のマーケットペイデータを保有する大企業が多い。なお、マーケットペイデータを収集し、自社版のマーケットペイデータを作成するのは人事部であるが、データを活用して部下の賃金を決定するのはラインマネジャーである。

以上が、欧米先進諸国で普及している職務ベースの賃金決定方法である。この方法は、勤務する組織、雇用形態、学歴・年齢・性別・勤続年数・扶養家族などの属人的要素にかかわらず、同じ仕事あるいは同じ価値の仕事をしていれば同額の賃金を支払うという意味を持つ、同一労働同一賃金の具体的な実施方法でもある。

6 職務主義・成果主義・現価主義間の補完性

　欧米では社員等級や賃金レベルの決定基盤となるのは「職務」である。職務ベースの処遇決定は、成果や現価に基づく処遇決定であり、職務主義と成果主義・現価主義は補完関係にあるといえる。以下に職務主義と成果主義・現価主義のそれぞれの補完性を紹介する。

　社員各人のパフォーマンスと処遇の連動について、人（職能）ベースと職務ベースの社員等級・賃金決定の2つを比較すると、職務ベースのほうがパフォーマンスとの連動度が高い。たとえば、誰が担当したとしても営業所長が生み出すパフォーマンス（企業に与える影響）は、営業所内の1担当者が生み出すパフォーマンスに比べれば大きく、職務はパフォーマンスを示す1つの指標となりうるのである。日本の多くの企業が採用していたすべての職種に対して一律に一般的・全般的な職務遂行能力を適用とする従来の職能資格等級と比較すれば、少なくとも職務とパフォーマンスの相関関係は高いといえる。日本の職能資格等級は、ローテーションとの両立を目指すために、現在の職務・パフォーマンスと資格等級の相関関係を意図的に低めた施策であったともいえる。

　日本で普及してきた職能資格等級に基づく職能より、職務のほうがパフォーマンスとの関連度が高いということは、個人のパフォーマンスを測定・評価する場合、職務ベースにしたほうが公平感・納得感が高まりやすいということになる。日本で成果主義人事が注目されはじめた1990年代初頭には、職能資格等級に基づいて目標管理を導入し、パフォーマンスを測定・評価するケースが多くみられた。その結果、職能ベースとパフォーマンス測定はフィットしないことが明らかになり、1990年代末以降、急速に職務主義・役割主義が導入されている。こうした経緯からも、職務ベースの社員等級・賃金決定と成果主義は補完関係にあるといえる。

　職務ベースの社員等級や賃金決定は、社員の現在価値に応じた処遇に適している。個人の賃金決定においてマーケットペイを考慮する方法は、日本では一部の外資系企業や限られた産業・職種で実践されており、多くの人は、

マーケットペイを基準として賃金を決定された経験は少ないだろう。一方、欧米先進諸国では、団体交渉を通さずに個人ベースで賃金が決定されるホワイトカラーには、マーケットペイを基準とした賃金決定が普及している。まさに労働市場における労働者個人の現価を反映した賃金決定と捉えるからである。

　成果や現価を重視する傾向は近年さらに高まっている。こうした現価主義傾向がもたらす変化として、先にマーケットペイ重視のマーケットプライシングを紹介したが、ほかにも成果主義・現価主義によって賃金レンジの幅が拡大するブロードバンド化が挙げられる。これは成果主義重視に関しては、個人のパフォーマンスに応じた賃金決定幅の拡大、現価主義重視に関しては、職務間での労働市場における賃金格差の拡大への対応といえる。

　実際に筆者が行った調査では、ブロードバンド化によって上下2〜3の賃金グレード間で賃金レンジが重複しているケースが多くみられ、賃金レンジのブロードバンド化に応じて「賃金バンド」という名称も普及しつつある。

　ブロードバンド化はさらに進展し、各賃金レンジの幅に上限下限を設定しない動きも出てきている。マーケットサラリーサーベイ等を通じて収集したマーケットペイを直接各職務の賃金レベルに対応させるマーケットプライシングの例を先に紹介したが、マーケットプライシングの世界では、同じ賃金グレードにある職務でも組織内で設計した賃金レンジの範囲に収まらないケースもみられる。この賃金レンジ幅に上限下限を設定しない動きを、筆者は「ルーズバンド」と呼んでいる。

7　成果主義・現価主義・外部人材調達間の補完性

　ここまで、「外部人材調達➡職種別・職務別採用➡早期選抜➡スペシャリスト・ジェネラリストの分離➡職務ベースの社員等級・賃金決定➡成果主義・現価主義」の流れで、それぞれの補完性について説明してきた。ここで外部人材調達と成果主義・現価主義の補完性についてみていきたい。

　必要な人材を外部労働市場からそのつど調達する場合、職務に応じたマー

ケットペイに基づき賃金レベルを決定するという手法は、採用人材に対する市場における現価を反映した賃金決定であり、現価主義にふさわしい賃金決定といえる。個人の賃金レベルは、採用後もマーケットペイに基づいて決定されるため、採用後も継続的に現価主義が貫かれる。外部労働市場を無視して賃金決定を行い、賃金レベルが労働市場において競争力をもたなくなれば、エンプロイヤビリティの高い優秀な人材から転職してしまうことになる。この人材流出は企業にとって最悪の結果をもたらす。流動性の高い労働市場で、社員の市場価値を常に考慮した処遇の実現が求められるのは、このためである。

また、社員の昇給額決定にはマーケットペイとともに企業内での評価が考慮される。これは社員のパフォーマンスを処遇に反映することを意味する。ホワイトカラーでは、同じポジションにあっても各人の職務内容やパフォーマンスは大きく異なる。パフォーマンスの高い人材はエンプロイヤビリティも高いため、流動性の高い労働市場では、パフォーマンスに相応の処遇を提供しなければ転職してしまう。優秀な人材にそのパフォーマンスに応じた処遇が不可欠とされるのはこのためである。

8 分権的人事管理との補完性

本章では欧米型人材マネジメントの特色について紹介してきたが、これらの特色は以下に示すとおり、ライン主導型の分権的人事管理と補完性を有している。採用を職種別・職務別に行うには、人事部ではなく、職務内容に精通したラインマネジャーが主導するのが合理的である。その後の早い段階での人材選抜においても、実際に選抜するのはラインマネジャーであるため、ライン主導が適している。また、スペシャリストに対する職種内異動も、各職種の職務内容やキャリアルートに精通しているのは人事部よりラインマネジャーであるため、ライン主導に合理性がある。さらに職務ベースの社員等級や賃金決定も同様にラインマネジャーのほうが精通しており、社員のパフォーマンスや現在価値をよく知るのもラインマネジャーである。実際に欧

米諸国では、採用、評価、選抜、人材育成、賃金決定などすべての面で、ライン主導の決定がなされている。

　先の日本型人材マネジメントの章で指摘した、ラインマネジャーが自身の利害のために理不尽な行動をとるリスクについても（優秀な部下に仕事を与えなかったり、評価を下げたりするなど）、流動化が進む社会では転職することが比較的容易であるため、市場原理によってある程度食い止めることができる。

　このように職務主義・成果主義・外部人材調達という特色をもつ欧米型人材マネジメントにおいては、ライン主導の分権的人事管理が適しているのである。

第 6 章
個人と組織の複雑な関係

1　心理的契約

1-1　心理的契約とは何か

「心理的契約 (Psychological Contract)」とは、雇用関係の契約には明記されてはいないが、組織と社員の双方がお互いに対して抱く心理的期待である。この心理的契約は組織と社員がとった過去の行動（組織側についてはこれまで実施してきた施策や社員への対応など）によって、両者の間で培われる。重要なのは、組織側からの施策によって一方的に形成されるものではなく、組織と個人の側の相互関係によって作られるという点である。とはいえ、イニシアティブをとるのはやはり組織側の行動である。

心理的契約は雇用関係において特に重要となる。心理的契約が形成されていないと、社員は組織から期待されているかどうかがわからずどう行動すればよいかが決められない。また組織側と社員側の心理的契約が一致していることも非常に重要である。本章では心理的契約について、デニス・ルソーの考え方をもとに紹介していきたい。

図表6-1 個人の心理的契約形成のプロセス

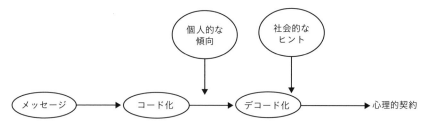

出典：Rousseau, D, M.(1995) *Psychological Contracts in Organizations: Understanding Written and Unwritten Agreements*, SAGE Publicationsをもとに作成

1-2 　個人の心理的契約形成のプロセス

ルソーは個人の心理的契約が形成されるプロセスを、**図表6-1**のように表現している。**図表6-1**に示したプロセスの各要素を説明することで、社員が心理的契約を形成させていくプロセスについて紹介していきたい。

(1) メッセージ

社員の心理的契約形成の出発点となるのが、企業が発するさまざまなメッセージだ。その内容は以下のようなものである。

- 企業のビジョンやトップが語るステートメントなど、公的に発するメッセージ
- 自分以外の他の社員に対する処遇（特に同じ職種や階層にいる社員など、組織内で同じ立場におかれた社員に対する扱いは、個人の心理的契約に大きな影響を及ぼす）
- 人事施策
- 企業の歴史や社会的イメージ

(2) コード化

「コード化」とは、組織が発するメッセージを、社員が自分たちに対する

約束として解釈していくプロセスのこと。この段階で大切なのは、組織の発するメッセージを社員が信頼できるものと捉えるかどうかである。メッセージの中心は、組織の社員に対するコミットメントであり、それが信頼できる約束と捉えられるには、以下の点が重要となる。

- メッセージを発する人が信頼されていること
- 適切な時期に組織が社員にコミットメントしていることを伝える

たとえば、採用直後の社員や、採用通知を受け取ったが最終的にその企業への入社を決めていない人に組織のコミットメントを伝えられれば、そのメッセージは印象深いものとして長く記憶に残るだろう。また買収や合併などの大きな組織変化の際に組織側の変わらぬコミットメントを伝えたり、人事施策が変わる際にコミットメントの意思を明確に伝える必要がある。このように、組織や人の状況が変化するときに社員に対するコミットメントを伝えることは非常に有効である。

(3) 個人的な傾向
　組織から同じメッセージを受け取ったとしても、その解釈は人によって異なる。コード化に対し、個人の傾向が影響を及ぼすのである。個人に対して特に大きな要素となるのは、メッセージの解釈における認知バイアスと組織に対する考え方である。ここでは認知バイアスの中で、楽観的な見方をする人もいれば悲観的な見方をする人がいるなど、人によって同じメッセージも違って解釈されるという個々人による認知の違いに焦点をあてる。組織に対する考え方とは、その組織でどの程度働き続けようと思っているのか、組織が自分のキャリアに与える影響はどのようなものであり、その影響はどの程度か、といったことである。これらの問いに対する答えは個人によって異なるため、同じメッセージに対しても個人の解釈は異なってくる。

(4) デコード化
　メッセージで使われる言葉は同じでも、それが意味するところはメッセー

ジを発する組織や、それを受け止める個人によってそれぞれに異なる。たとえば「最大限の努力を」「会社にロイヤリティをもて」というメッセージを発しても、それが実際にどのような行動に結びつくかは、組織や人によって違ってくる。このように、組織から発せられたメッセージが実際の行動にどのように結びつくかを表すのが、デコード化である。

(5) 社会的なヒント

「社会的なヒント」とは、同僚などから発せられる情報のこと。特に、雇用契約や雇用条件に関する情報、具体的な職務遂行にまつわる環境や条件の解釈、組織変革など組織の決定に関する解釈、という3分野で、重要な役割を果たすとされる。

1-3 心理的契約を作り出す要素

ルソーは心理的契約を作り出す主要要素として以下を挙げている。組織のメンバーに心理的契約を形成するには、これらの要素間で一致したメッセージを発することが重要とされる。

(1) 心理的契約の形成に影響を与える人たち

① 上司

上司は部下に対し、心理的契約の形成と破棄の両面において主要な役割を担っている。上司は部下にキャリアの拡充や昇進の機会を与えたり、やりがいのある仕事をまかせることによって、さまざまな心理的・感情的サポートを与える。逆につまらない仕事を割り当てたり、低い評価しか与えなかったりすることで、部下をつらい立場においこむ場合もある。上司が組織の方針や施策を体現している面もあり、上司が部下の心理的契約に果たす役割は非常に大きい。

② 同僚

新たに採用された社員や他部門から異動してきたメンバーにとって、同僚

は組織の特色（仕事の進め方、マネジメントスタイル、人間関係その他の組織文化など）を直接聞ける相手であり、彼らの行動を通じて組織の特色を知ることが可能になる。このため、同僚は組織の社会的なヒントを形成する大きな要因となる。

③ トップマネジメント

社長や経営管理者などのトップマネジメントと日常的に接する社員は少ないが、影響力の大きいトップマネジメントの言動に社員は注目する。また、トップマネジメントの意思決定は経営戦略や個々の施策として社員に直接かかわってくるため、社員の心理的契約形成の大きな要素となる。

④ 採用にかかわる人たち

採用プロセスで接する採用担当者や職場のマネジャーを通じ、人は組織文化や仕事のイメージを構築する。採用直後の心理的契約は、こうした採用にかかわる人たちによって形成される部分が大きい。

(2) 心理的契約を作り出す組織構造的要素
① 人事関連の情報

人事ハンドブックなどに記載される人事に関する情報は、組織によって異なる。キャリアパスや人事評価に重点をおくものもあれば、組織が重視するパフォーマンスの内容に重点をおくもの、問題が生じたときの解決方法に重点をおくものなど、さまざまである。特に採用前に送付されてくる人事ハンドブックは入社を決定する際の大きな要因となり、キャリアの初期段階の心理的契約の形成に影響を及ぼす。また、人事ハンドブックでどの程度詳細に人事システムについて説明しているか、どのような分野に焦点をあてているか、書き方のニュアンスなどは、入社後の心理的契約に影響を与えるものとなる。

アメリカの現状を踏まえたルソーの研究では、「入社前に人事ハンドブックが送られてくる」といった記述があるように、欧米諸国では人事システムやパフォーマンス基準などに関する情報を開示し、応募者もそれを判断材料

とするケースが多い。欧米諸国に比べると、日本ではこうした情報を開示するケースは少ないといえる。

② 人事評価(Appraisal/Performance Review)

社員のパフォーマンスに対して、組織がどのような内容をどのように評価するかは個人にとって非常に大きな意味をもつため、人事評価は個人の心理的契約においても重要な要素となる。人事評価でどのようなパフォーマンスが重視されるかについては、求められるのが短期的成功なのか、あるいは長期的成功かといったタイムスパンや、組織が重視する戦略、組織が個人に期待すること、組織の理念や公平感、マネジメントスタイルなど、多くの事象が反映される。また、誰がどのようなプロセスで人事評価を行うかも見逃せない要素となる。

③ 報酬(金銭的報酬等の外的リワード)

雇用関係にとって報酬は最も重視される要素の1つである。報酬は、職務満足や採用、社員の定着度やパフォーマンス、社員間の協力関係、人材開発、社員のリスクテーキングなど、多くの事柄に直接影響をもたらす。個人にとって報酬は金銭面だけでなく、社会的なステータスや人生の成功／不成功など、あらゆる面にかかわってくる。さらに報酬をどのように決定し、誰に対してどの程度の報酬を与えるかは、組織の価値観や組織が考えるパフォーマンス基準、組織が考える公平性の概念などを示すメッセージともなりうる。

たとえば、パフォーマンスに応じて賃金格差を拡大したほうが公平と考えるのか、賃金格差はあまりつけないほうが公平なのかといった問題に対する組織の姿勢は、報酬というかたちで具体的に示される。多くの面で社員に影響を与える報酬は、社員の心理的契約にも大きく関与するものである。

④ キャリアパス

組織内での地位は、組織の中だけでなく個人の社会的ステータスにもかかわってくる。また、どのようなキャリアパスが用意されているかには組織の価値観や戦略が反映されており、個人はそこから現在在籍している組織での

自らの将来のキャリアを予測する。

⑤　社員教育

　誰にどのようなトレーニングを行うかは、組織の目的や価値観、戦略、人材に対する期待など、多くの事柄を反映している。トレーニングは個人にとって非常に有益であるため、トレーニングを実施すること自体、社員の心理的契約にはプラスの作用をもたらす。加えて、どんな内容のトレーニングをどのように受講するか（トレーニングの選抜・選択プロセス）も心理的契約に重要な役割を果たす。たとえば個人のキャリアニーズとすり合わせたうえで当人の合意のもとで実施されたトレーニングは、ポジティブな心理的契約を醸成しやすい。

1-4　心理的契約のタイプ

　心理的契約は組織や個人によって異なる。雇用関係には、①被雇用者は労働を提供し、雇用者はその労働に対して賃金という対価を払うという交換関係、②雇用者と被雇用者の人間的な関係、という2つの要素が含まれる。心理的契約になるのは後者だが、心理的契約は雇用関係の期間の長さと社員に要求されるパフォーマンス基準の特定度合いという2つの軸によって、以下の4つのタイプに分けられる（**図表6-2**）。

①　**交換型契約**：雇用期間があらかじめ限定され（多くは短期間）、パフォーマンス基準の特定度合いが高い。
②　**過渡期あるいは「保障なし（No Guarantees）」の状態**：社員に要求されるパフォーマンス基準やインセンティブがなくなり、同様に将来の雇用契約の継続に対する組織のコミットメントもなくなってしまう。
③　**関係型契約**：社員に要求されるパフォーマンスの基準は特定されておらず、状況によって変化する。雇用期間は長期にわたり、組織と個人は長期的に個人的関係を有する。
④　**バランスのとれた契約**：その時々で明確なパフォーマンス基準が設定さ

図表6-2 心理的契約のタイプ

	パフォーマンス基準	
期間	特定されている	特定されない
短期間	**交換型契約** （例：クリスマスショッピング中に雇われた店員） ●明確な雇用内容 ●高い社員の回転率 ●低いコミットメント ●低いトレーニング ●低い統合レベル	**過渡期** （例：組織の縮小や買収・合併後などに経験する状態） ●契約内容が不明確で将来もわからない ●高い退職率・解雇率 ●不安定
長期間	**バランスのとれた契約** （例：高参画型チーム） ●高いコミットメント ●高い統合レベル ●高い人材開発・組織学習 ●文書によるサポート ●動的	**関係型契約** （例：家族経営のメンバー） ●高いコミットメント ●相互の影響が強い ●高い統合レベル ●安定

出典：Rousseau, D, M. (1995) *Psychological Contract in Organizations: Understanding Written and Unwritten Agreements*, SAGE Publication などをもとに作成

れるが、長期的には状況に応じて変化する。雇用関係は長期的な関係的契約をとる。

　この4つのタイプで最も好ましいのはバランスのとれた契約であり、最も避けなければならないのは過渡期あるいは保障なしの状態である。過渡期あるいは保障なし状態は、心理的契約が破棄された状態を示す。

1-5　心理的契約の破棄

　心理的契約が破棄されると、破棄された側は破棄した側に対して敵対的な感情を持つようになる。組織の側が心理的契約を破るような行動をとると、社員の側は裏切られたと感じて心理的契約が破棄されたと捉えるのである。
　組織側からの心理的契約の破棄はさまざまな要因によって起こるが、これまで実施されてきた施策や行動様式、価値基準などが変化した際に、社員は心理的契約の破棄と捉えることが多い。変化の内容いかんを問わず、変化そ

れ自体がネガティブな反応に結びつく可能性が高いのである。特に長年にわたって組織で継続されてきた施策や行動様式、価値基準などが変化した際には、社員は特にネガティブに反応する傾向があるため、組織で変化が起こる際には新たな心理的契約を構築する必要がある。

　心理的契約が破棄されても次の新たな心理的契約を構築するメッセージが組織から発せられれば、社員の反応はポジティブなものになりやすい。このため、組織が変化に直面した際には、早急に将来のビジョンや今後の具体的施策を提示し、社員に新たな心理的契約を構築させることが重要となる。

2 ｜ 組織コミットメント

2-1　組織コミットメントの多様な側面

　組織と個人との関係において、組織に対する関心や一体感、愛着などに焦点をあてた概念として語られることが多いのが「組織コミットメント」である。ある1つの組織に長く在籍すれば、所属組織への関心や愛着が高まることは容易に想像がつく。また、入社早々組織に対する関心や一体感を感じる人もいるだろう。組織に対する関心や一体感が高ければ、組織目標の達成を自分のことのように感じて組織の目標達成に主体的にかかわり、目標達成に対するモチベーションが向上し、個人と組織のパフォーマンスが上がるのではないかと考えられる。

　しかも、組織コミットメントは所属する組織に対する関心や一体化という感覚のため、モチベーションとは異なり、異動による職務内容の変化、上司や同僚、部下などの人間関係の変化に左右されにくい。仕事に対するモチベーションが比較的短期間で変化するのに対し、組織コミットメントはある程度長期的に安定したものである。この長期的安定は職務満足と同じであり、この点でも組織コミットメントの向上は重要となる。

　組織コミットメントについては複数の定義があるが、その1つにレイマン・ポーターらによる「ある特定の組織に対する個人の同一化（Identification）

および関与(Involvement)の強さ」という考え方がある。これはこの会社が好きだから組織への関心や一体感が醸成されるということであり、「情緒的(Affective)コミットメント」という言葉で表現されることが多い。

この情緒的コミットメントに対して別の概念を提唱したのが、ハワード・ベッカーである。ベッカーは、人が所属組織に対する関心や一体感を高める組織コミットメントの要因として、長年組織に留まることによって得られるが、組織を辞めてしまうと失われる利益を挙げる。たとえば長年勤務したことで昇給や昇進を実現し、生活も社会的ステータスも向上するが、退職すると在職時の給料や社会的ステータスを失ってしまうことから、人は所属組織に対する関心や一体感を向上させる、というのがベッカーの主張である。退職によってすべてが失われるわけではないが、退職一時金や企業年金などはおそらく減額されるだろう。

スキル面では、当該組織でしか通用しない企業特殊スキルは、退職すると活用できなくなるため利益が失われる。また、在職時は部下や同僚とよく飲みにいったが退職後は疎遠になってしまった、社内で出世していた頃は多くの人から年賀状が届いたが辞めてからは年賀状の枚数が一気に減ってしまったというようなことも、退職によって失う利益といえるだろう。

以上のようなベッカーの主張を「付属的賭け理論(Side-bet)」といい、この場合の組織コミットメントは情緒的コミットメントとは異なり、退職によって失う利益という経済的打算から生じる組織コミットメントである。この種の組織コミットメントを「功利的(Calculative)コミットメント」と呼ぶ。

組織コミットメントの代表的な研究として、それ以外にも、情緒的コミットメント、規範的(Normative)コミットメント、功利的コミットメントの3つの次元からなる組織コミットメントを提唱したジョン・メイヤーとナタリー・アレンのモデルがある(**図表6−3**)[7]。メイヤーとアレンは、3つの次元の組織コミットメントを定量的に分析するための独自の質問表を開発して

---

7) メイヤーとアレンは、功利的コミットメントではなく、継続的(Continuance)コミットメントと表現している。

図表6-3 組織コミットメントの原因(先行要因)と結果　メイヤー＝アレンモデル

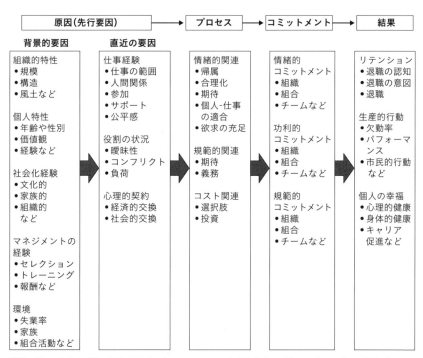

出典：Meyer, J,P. & Allen, N,J. (1997) *Commitment in the Workplace: Theory, Research, and Application*, SAGE Publicationsをもとに作成

おり、日本でもそれをもとに労働政策研究・研修機構による日本版が作られるなど、組織コミットメント尺度として広く普及している。

2-2　組織コミットメントの原因(先行要因)と結果に関する研究

　組織コミットメントのもう1つの中心的テーマは、組織コミットメントを引き起こす原因(先行要因)と、組織コミットメントがもたらす結果に関する研究である。ここでは組織コミットメントの原因(先行要因)と、組織コミットメントがもたらす結果に関する理論モデルと定量分析の2つの面から研究成果を紹介する。

第6章　個人と組織の複雑な関係　●　125

はじめに理論モデルからみていく。代表的な理論モデルとしては、個人特性・職務要因・職務経験・組織構造などを原因（先行要因）として挙げ、結果要因としてはパフォーマンス・リテンションの意思・欠勤率・仕事に対する努力を挙げたリチャード・マウディらのモデル、原因（先行要因）として組織特性・個人特性・仕事の経験・社会環境・組織の人材投資・付属的賭けなどを挙げ、結果要因として責任感・退職率・パフォーマンス・欠勤・組織市民的行動を挙げたメイヤー＝アレンモデルなどがある。

　メイヤー＝アレンモデルは前述の3つの次元で組織コミットメントを捉えたモデルであり、原因（先行要因）と結果についても、3つの次元それぞれについて原因（先行要因）と結果を提示している（**図表6-3**）。本書ではこのメイヤー＝アレンモデルを例に、組織コミットメントの原因と結果について紹介する。

　メイヤー＝アレンモデルでは、組織コミットメントを「原因（先行要因）➡プロセス➡コミットメント➡結果」の4段階に分け、さらに先行要因を背景的要因と直近の要因に分けている。プロセスをモデルに加えていることもこのメイヤー＝アレンモデルの特色であり、情緒的・功利的・規範的の3タイプの組織コミットメントに対応して、情緒関連・コスト（功利）関連・規範関連の3タイプのプロセス要因を挙げている。そして3タイプの組織コミットメントの結果として、リテンション・生産的行動・個人の幸福の3つを挙げ、生産的行動の1つにパフォーマンスを挙げるなど、組織コミットメントの結果に関しても多角的に捉えている。

　次に、定量分析について説明する。まず、組織コミットメントを生成する原因（先行要因）についてみていこう。本書では、組織コミットメントの原因（先行要因）について48の先行研究を対象にメタ分析を行った、ジョン・マシューとデニス・ザジャクの研究結果を紹介する。同研究では、原因（先行要因）として、個人特性（年齢・教育水準・勤続年数・給与水準・ジョブレベルなど）、職務特性（スキル多様性・自律性・挑戦性など）、グループ・リーダーとの関係性（グループの凝集性・リーダーの構造づくり行動・リーダーの配慮行動など）、組織特性（組織の規模・集権化度合）、役割状況（役割曖昧性・役割コンフリクトなど）が設定され、組織コミットメントとの相関関係が分析された。

その結果、個人特性では年齢・勤続年数・給与水準・ジョブレベルなどの項目、職務特性では自律性・挑戦性、グループ・リーダーとの関係性ではグループの凝集性・リーダーの構造づくりと配慮行動などの原因（先行要因）と組織コミットメントの間において、統計的有意水準で正の相関関係が見られた。

　逆に統計的有意水準で負の相関関係が発見されたのが、教育水準（個人特性）、組織規模・集権化度合（組織特性）、役割曖昧性・役割葛藤・役割過重（役割）などの項目であった。組織コミットメントとの関係で注目されるのは、組織特性と役割の関係について設定したすべての項目で、組織コミットメントと統計的有意水準で負の相関関係となっている点である。相関分析の結果からは、組織コミットメントが高い人の条件として以下のような特徴が見えてくる。

- 年齢や勤続数が長く、自由裁量権の高い挑戦的な仕事に従事し、高い地位と報酬を得ている人
- 優れたリーダーのいる団結力の高い職場で働く人
- 組織規模はあまり大きくないが、分権化した意思決定がなされる組織で働いている人
- 自身の役割が明確であり、役割葛藤の少ない人

2-3　組織コミットメントとパフォーマンスの関係

　次に、組織コミットメントがもたらす結果についてみていこう。マシュー＝ザジャクの調査では、仕事のパフォーマンス、退職の意思、ジョブサーチの可能性などが結果要因として分析されている。このうち退職の意思、ジョブサーチについては、統計的有意水準の負の相関関係が発見された。組織コミットメントが高いほど、組織に定着しようとする意識も高まることが明らかになった。

　一方、仕事のパフォーマンスに関しては、上司の人事評価結果と客観指標を用いたアウトプットの2点について分析されたが、それによると人事評価

に関しては0.14と低い水準となり、客観指標を用いたアウトプットにいたっては、0.05とほとんど相関関係はみられなかった。残念ながら、組織コミットメントも職務満足と同様、パフォーマンスとの相関関係はあまり高くないのである。

ではなぜ、組織コミットメントとパフォーマンスの相関関係はそれほど高くないのか。その原因は、パフォーマンスとの関係が組織コミットメントのタイプによって異なるからである。組織コミットメントにはいくつかのタイプがあることはすでに紹介したとおりだが、組織コミットメントのタイプ別にパフォーマンスとの関係を分析した研究をみると、組織コミットメントのタイプによって相関関係に差がみられることがわかった。

ジョン・メイヤーらは、組織コミットメントを情緒的コミットメントと功利的コミットメントの2つに分け、各タイプの組織コミットメントと、①上司の人事評価、②顧客との関係、レポート作成やプレゼンテーション準備等の6つのパフォーマンス指標の平均、③昇進可能性について、パフォーマンス指標との相関関係を分析した。

その結果、①人事評価については情緒的コミットメントは0.23の正の相関関係がみられたのに対し、功利的コミットメントでは−0.25という負の相関関係がみられた。②の6つのパフォーマンス指標の平均については、情緒的コミットメントは0.23の正の相関関係、功利的コミットメントは−0.25の負の相関関係、③昇進可能性に関しては、情緒的コミットメントは0.23の正の相関関係、功利的コミットメントは−0.46の負の相関関係という結果であった。3つすべてのパフォーマンス指標において、情緒的コミットメントはパフォーマンスを向上させるが、功利的コミットメントはパフォーマンスを阻害するという結果に至り、コミットメントのタイプによってパフォーマンスに対する逆の影響がみられることが明らかになった。

メイヤーらの別の調査でも、情緒的コミットメントと人事評価の関係は、0.17の正の相関関係であったのに対し、功利的コミットメントと人事評価の関係は−0.08の負の相関関係が発見された。また組織市民的行動（OrganizationalCitizenship）に関しても、情緒的コミットメントは0.32の正の相関関係を持つのに対して、功利的コミットメントは−0.01と非常に弱い負

の相関関係が発見されている。

　これらの調査結果を鑑みると、情緒的コミットメントは高いパフォーマンスにつながり、功利的コミットメントは低いパフォーマンスにつながる、と解釈するのが妥当であろう。考えてみれば、功利的コミットメントが弱いパフォーマンスにつながるという結果は、納得できる面がある。

　たとえば、仕事の後に同僚と飲みにいって会社や上司の批判をするなどはよくある光景だろう。プライベートな時間に会社の話をするのは、所属組織に対する関心や一体感の高さの表れであるが、だからといって翌日はりきって仕事をし、高いパフォーマンスを出すとは必ずしもいえないだろう。この場合の組織コミットメントは、情緒的コミットメントより功利的コミットメントが強いと考えられる。つまり、転職するのが難しい、あるいは長年勤続した結果、賃金が上がった等の理由によって、所属組織に対する関心や一体感が高まっていると解釈できる。

　こうした状況は、功利的コミットメントが動機となっていても、必ずしも仕事で高いパフォーマンスを示すとは限らないことを示すよい例だ。会社に対して高いコミットメントを示していても、そのタイプによってパフォーマンスには大きな差が生じるというわけだ。

　長期雇用が定着して転職が難しい日本では、組織コミットメントにおいても功利的コミットメントが占める割合のほうが大きいと予測される。実際に長期雇用が主流の1970年代に行われた調査では、日本人が長く組織に定着するのは、情緒的コミットメントよりも功利的コミットメント要因が大きいという結論に達している。

　また、日米の組織コミットメントを比較した研究では、アメリカに比べて日本のほうが組織コミットメントは弱いという結果となっている。日米での違いが大きかったのは、質問項目のなかでも「会社のために普通やるべき以上に働く」「会社と自分の価値観は非常に近いと思う」などの情緒的コミットメントに関連した項目であった（日本が低い）。質問項目を翻訳した際に、言葉のニュアンスが微妙に異なってくるなど調査上の問題も原因の1つと考えられるが、長期雇用を基盤とした環境が、情緒的コミットメントが高くなくても、転職せずに働き続けるという結果につながったともいえるだろう。

図表6-4 ストレスレベルとパフォーマンスの関係

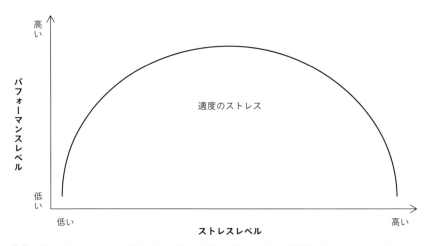

出典：Gibson J,L., Ivancevich,J,M., Donnelly,Jr.,J,H., & Konopaske,R. (2012) *Organizations: Behavior, Structure, Processes*, McGraw-Hillをもとに作成

3 ワークストレス

3-1 ストレスとは

　ストレスとは、なんらかの外圧が加わったときに発生する生理的・精神的な緊張、あるいは防御的な特異反応のことである。ストレスの原因となる環境からの刺激要因を「ストレッサー」という。

　多くの人が、程度の差はあれ職場で何らかのストレスを感じている。すべてのストレスが悪いわけではなく、適度なストレスはパフォーマンスを向上させるともいわれる。あまりにストレスレベルが低いと退屈を感じてワークモチベーションが低下し、パフォーマンスも落ちてしまうからである。問題が生じるのは人が耐えきれないほどのストレスを受けた場合である。ストレスは低すぎても高すぎてもよくない。ストレスレベルとパフォーマンスとの

図表6-5 ライフイベントの影響

ライフイベント	影響度
配偶者の死	100
離婚	73
投獄	63
家族の死	63
病気・けが	53
結婚	50
解雇	47
定年退職	45
家族の病気	44
妊娠	40
性的な問題	39
金銭的状況の変化	38
親しい友人の死	37
仕事の変化	36
子供の独立	29
配偶者の仕事の変化（就職・退職など）	26
入学・卒業	26
生活習慣の変化	24
上司とのトラブル	23
仕事の時間や条件の変化	20

出典：Vecchio, R,P. (2003) *Organizational Behavior: Core Concepts* (5th ed.), Thomson Learningをもとに作成

関係を**図表6-4**に記載した。

3-2　ストレスの個人的要因

　ストレス要因としてまず挙げられるのは、個人的要因である。私たちは生活する生き物であり、生活には仕事だけでなく、家族や友人との関係や近所づきあいなど個人的側面もある。

　人は生活のなかでさまざまな変化や困難を経験する。学校を卒業して就職・転職したり、新しい資格に挑戦したり、引越しをして生活環境が変わる

などの変化もある。私たちが生活のなかで経験する困難には、家族や親しい友人の死、自身のけがや病気なども含まれ、こうしたライフイベントは、すべてストレスの原因となる。**図表6−5**はストレス要因となるライフイベントを挙げ、そのストレス度合いを示したものである。1年間にストレスレベル150ポイント以上のできごとを経験した場合、半数以上の人に翌年に身体的疾患がみられ、さらに300ポイント以上になると約80%の人に身体的疾患がみられるとロバート・ベッチオは指摘している。

3-3　ストレスの組織的要因

次に、組織がもたらす複数のストレス要因のうち、人間関係、組織文化、キャリア開発、ダウンサイジングの4つを紹介する。

(1) 人間関係

　職場でストレスの原因となりやすいのは、仕事量より人間関係である。どんなに困難な状況におかれても、仕事については努力次第で克服できることが少なくないが、人間関係だけは個人の努力だけではどうにもならないからである。私たちは職場で上司や同僚、部下などさまざまな人とかかわりあいながら仕事をするが、期待や役割、実際のパフォーマンスはそれぞれ異なっている。上司の期待と部下の期待が異なる、上司とその上の上司の期待が異なるといったことはしばしば生じる。さらに組織内でも他部門からの期待と自部門での期待が異なる、顧客やサプライヤーなど外部関係者と組織内部関係者との期待が異なる、といったケースもある。

　たとえば、組織横断的な売掛金回収プロジェクトの部門代表を命じられたとする。プロジェクトでは「6カ月以上未回収の売掛金を回収する」との目標が掲げられたものの、売上目標の達成に必死になっている自部門の同僚から、「売掛金を顧客に催促すれば、次に買ってもらえるかわからない」と苦情が出るといった具合だ。このように、仕事をしていれば、各関係者の期待はしばしば相反することがある。その際、期待に応えられなかった人との関係が悪くなるのではないかという危惧が、ストレスとなるのである。

また、同僚より仕事が遅い、仕事ができない、上司との関係が悪い、評価が低い、同期よりも昇進が遅れたなど、人はさまざまな理由で失望したり自尊心を失ったり、あるいは同僚にねたみを感じたりする。逆に、自分のほうが同僚よりも評価が高いために、同僚からねたまれたこともあるだろう。さらに職場のインフォーマルグループに入れてもらえない、職場の同僚と相性がよくないといったことも起きる。ストレスの原因になりやすいのは、こうしたさまざまな人間関係にまつわる問題である。

(2) 組織文化

組織にはさまざまなタイプの文化が存在する。組織文化には一度失敗するとキャリアに重大な傷をつけると捉える減点主義の文化や、権威主義的なマネジメントによってオープンな意見交換ができない文化もあり、こうした組織文化は社員にとって高いストレス要因となる。

(3) キャリア開発の機会が与えられない

組織にはキャリア開発ルートが明確に提示されている組織もあれば、そうでない組織もある。また同じ組織でも、社員のタイプによって大きな差があり、たとえば男性社員に比べて女性社員にはキャリア開発の機会が少ないなどはよくみられる問題である。自分には将来のキャリア開発の機会がないと感じることは、個人にとって大きなストレス要因となる。

(4) ダウンサイジング

組織のダウンサイジングは大きなストレス要因となる。実際にダウンサイジングによって解雇や希望退職、配置換えの対象になれば人は大きなストレスを感じるし、対象になるのではないかという不安はストレス要因となる。

3-4 職業特有のストレス

職場で発生するストレスについてみてきたが、ストレスの度合いは職業によっても異なる。一般的にマネジャーなど、人に対して責任をもつ仕事はそ

れ以外の仕事よりストレスが大きくなる。職場のストレスの原因としては人間関係が大きいと述べたが、人に対応する仕事がストレスフルなのは理解できることだろう。

　職業の特徴とストレスとの関連で注目されるのは、「エモーショナルレイバー」と呼ばれる職業につく人たちである。たとえばホテルや飲食業、フライトアテンダント、セールスパーソン、医師、看護師、教師などの職業がこれに相当する。対人関係が仕事の中心となる点ではマネジャーとも共通しており、こうした職業の人たちは、顧客に対して常に職業的に求められる行動をとらなければならない。自分が落ち込んでいてもそれを感じさせるようなふるまいは許されず、積極的な態度で顧客と接することが求められる。

　たとえば高度な配慮やマナーが求められる医師や看護師は、自分や家族に問題が発生して他人のことなど考えていられないという状況でも、患者の気持ちを考慮した行動が求められる。どんな職業もそれぞれ職業的に求められる態度があり、ある程度本当の自分とは異なる仮面をつける必要があるが、エモーショナルレイバーと呼ばれるこれらの仕事はその度合いが高く、こうした状況で長く働き続けることは、実は非常にストレスが高いものである。

3-5　ストレスの結果

　ストレスレベルが高い状態が長く続くと、人は心理的・身体的・行動的な面でネガティブな反応を示すようになる。心理的反応としては職務満足や仕事に対するモチベーションの低下などがあり、身体的反応としては心身症やうつ症状などの精神的疾患、心臓病や腫瘍、高血圧、高コレステロールなどさまざまな身体的疾患にかかるケースもある。遅刻や欠勤、飲酒、退職といった行動的反応もある。特に日本ではワークストレスによって発生する問題として、過労死や自殺などが深刻化している。

　ここでは、バーンアウト(燃え尽き症候群)についてみていきたい。「バーンアウト」とは、長期間にわたって過度なストレスにさらされつづけた結果、張りつめていた緊張が緩み、急速に意欲が衰えてしまうことで発生する心理的・身体的な症状である。心身症になったり、職場の同僚や家族など身近な

人に対する思いやりを失ったり、欠勤や退職をしてしまうこともある。

　バーンアウトの原因はさまざまで、役割過重・役割曖昧性・役割葛藤などの問題、職場の人間関係はすべて原因となりうる。それ以外にも、職務の完遂性や裁量権が低かったり、仕事が単調であるために職務満足を感じられない、性差別など組織内での差別があって不当に低く評価されているなど、要因は数えきれない。個人的要因としては、能力が高く理想を追い求めるタイプの人は、理想と現実のギャップからバーンアウトに陥りやすい傾向がある。一方、自律性が低くて他人に依存しやすい人も、依存欲求が満たされないことでバーンアウトに陥る危険性が高い。職業的には高いストレス状態が長期的に続くエモーショナルレイバーには、バーンアウトの危険も高くなる。

3-6　ストレスへの対処法

　程度の差はあれ、あらゆる人が何らかのストレスを受けているため、ストレスにどのように対処するかは非常に重要である。ここではストレスへの具体的な対処法をいくつかみていくことにしよう。

(1) タイムマネジメント

　タイムマネジメントはストレスを減少させるのに効果的だ。たとえば一日の仕事内容を書き出してみることで、具体的に自分がどのように時間を使っているかがわかり、実はあまり重要でないことに時間を費やしていることがわかるかもしれない。その場合は仕事に優先順位をつけることで必要なことだけを行い、ストレスの原因を排除したり改善することが可能になる。

(2) 「ノー」と言う

　他者の期待にすべて応えることは不可能であり、時には「ノー」と言うことも必要だ。これ以上は無理と感じた場合は、実際にノーと言うことで、あなたがノーと言うこともあると相手に知らせる必要がある。もちろんその際の言い方には配慮が必要だが、相手はあなたの状況をよく知らずに仕事を頼もうとしているのかもしれない。その場合、ノーと言うことで逆に仕事に対

する新たなアプローチが図られるかもしれない。

(3) 生き方や働き方に対する考えを変える

　生き方に対する見方を変えるとは、認知的枠組みの変更によってストレスを減少させようとする試みだ。生き方や働き方に対して固定的な考え方をする人の場合、その考えと現実が違っていることがストレスの原因となるケースもある。そういう場合にはこれまでの生き方や働き方に対する考え方を改め、より柔軟な考え方をもつことでストレスを解消したり、緩和したりすることが可能となる。

　たとえば、出産前にハードワークをこなしていた人が、子供が生まれたことで仕事の量やペースを落とし、育児が一段落した後に元のペースに戻すといったケース、あるいは子育ては母親中心にするものと考えていた父親が、考え方を変えて自分が育児休業をとり、子育ての主体になるといったケースである。こうした考え方の変化によって夫婦間の問題が解消し、仕事もうまくいくようになる可能性がある。

(4) リラクゼーション・エクササイズ

　リラクゼーションやエクササイズはストレス解消法としてよく知られた方法だ。健康増進にも効果があるし、疲れをとる効用もある。人は疲れるといらいらしたり情緒的に不安定になったりする。疲れはストレスを増幅させる原因となるため、リラクゼーションやエクササイズはさまざまな意味でストレスの解消や緩和に効果的である。

(5) 他者からのサポート

　他人からサポートを受けることはストレスの解消や緩和に非常に効果的だ。たとえば、ジェームス・ハウスは他者からのサポート機能として、①相談にのってくれる、慰めてくれるなどの感情的サポート (Emotional Support)、②自分の行動が社会的にみて妥当か、他者の役に立っているかといったことに対する他者の評価 (Appraisal Support)、③自分ではできないことを手助けしてくれるなどの実践的なサポート (Instructual Support)、④知識・情報面での問題

図表6-6 ストレス予防・ストレスマネジメントのフレームワーク

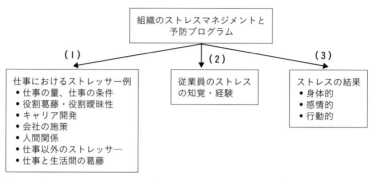

出典：Ivancevich, J, M., Matteson, M, T., Freedman, S, M. & Phillips, J, S. (1990) "Worksite Stress Management Interventions", *American Psychologist*, 45, 2 をもとに作成

解決のサポート（Informational Support）、の4つを挙げている。

3-7　ストレスマネジメントに対する組織的取り組み

　これまで紹介してきたのは個人的な取り組みだが、ワークストレスに関しては個人の取り組みだけでは対応が難しく、組織としての対応も必要となる。ジョン・イバンセビッチらは、組織のストレス対応をストレス予防とストレスマネジメントの2つに分類している。「ストレス予防」とは、文字どおりストレスが発生する前にストレス要因をコントロールしたり取り除くことであり、一方の「ストレスマネジメント」とは、すでに発生しているストレスについて効果的な対応をしたり、ストレスレベルを減少させる取り組みである。

　図表6-6にイバンセビッチらが提示したストレス予防およびストレスマネジメントのフレームワークを示した。図の(1)-(3)の矢印で示した部分がストレス予防とストレスマネジメントの対象となる。ストレスはストレッサーによって発生し（図の左側の箱）、ストレスを個人が知覚・経験し（図の中央の箱。同じストレス要因にさらされても個人によってストレスの結果は異なる）、それ

が身体・感情・行動などさまざまな反応となって表れる（図の右側の箱。ストレスの結果）という構造をもつ。

　そのため、ストレス予防やストレスマネジメントにおいても、それぞれの段階ごとに具体的なプログラムを実行する。ストレス予防やストレスマネジメントプログラムでは、①ワークストレスの要因を特定し、変化させる、②社員がストレス要因を理解し、ストレス要因とその影響を変化させる、③社員のストレスへの対応をサポートする、といったことが行われる。

　具体的な施策としては、社員に対するストレスマネジメントプログラムの実施、ストレスを減少させるための職務の再設計、社員が目標を達成するためのマネジャーによるサポートやコーチング、柔軟な勤務時間の設定などワークライフバランスに配慮した働き方の促進、コミュニケーションの改善、チームビルディング、役割やパフォーマンスに対する期待を明確に伝える、仕事のパフォーマンスに対する適切なフィードバックなどがある。

第7章 キャリア理論

1 キャリアと関連領域との関係

　本章ではキャリアに関するさまざまな理論を紹介していくが、キャリア理論に先立ち、これまで紹介してきたモチベーション・職務満足・組織コミットメントという3つの概念とキャリアとの関係について、時間とパフォーマンスという2つの観点からみていきたい。

　まず、時間との関係であるが、仕事に対するやる気を表すのがワーク・モチベーションである。これまでの仕事はあまり興味をもてなかったが、異動で担当替えになったり、上司が変わったことでやる気が出てきたというのはよくあるケースだろう。このように、モチベーションは比較的短期で変化する。

　一方、この仕事が好きだ、この職場が楽しいといった仕事に対する全般的な好みや評価傾向を表す職務満足は、短期間で変化するモチベーションとは異なり、ある程度長期的に継続するものである。所属組織に対する関心や関与の度合いを示す組織コミットメントも、上司や仕事内容が変わっても変化することは少なく、1人の個人のなかで比較的安定している。職務満足も組織コミットメントもいったん上がれば（あるいは下がれば）、ある程度安定的に

図表7-1 時間軸から見たモチベーション・職務満足・組織コミットメント・キャリアの関係

高い（あるいは低い）状況が続く。これに対して、キャリアは人の一生を通じて作り出されるものであり、上司や仕事が変わっても、あるいは転職してもキャリアはその人についてまわる。このように、最もタイムスパンが長いのがキャリアである。

金井壽宏氏は、最も時間軸の短いモチベーションを作り出すエンジンを「瞬発力」、最も時間軸の長いキャリアを作り出すエンジンを「持続力」と表現している。時間軸から見たモチベーション・職務満足・組織コミットメント・キャリアの4つの関係を**図表7-1**に示した。

もう1つのパフォーマンスとの関係をみていこう。まず、ワーク・モチベーションは仕事に対するやる気であり、パフォーマンスとの関係は正の相関関係にあるという仮定にたっている。これは同じ能力を持つ人同士であれば、やる気の高い人のほうがパフォーマンスは高くなるという仮定に基づいている（実際にはモチベーションが高いからといって、パフォーマンスが高いとは限らないとする研究もある）。これに対し、仕事が好きだ、楽しいという職務満足と、所属組織に対する関心度合である組織コミットメントの2つは、必ずしもパフォーマンスと正の相関関係にはないことは、本書ですでに紹介してきたとおりである。

職務満足に関しては、職務満足をパフォーマンス向上に結びつけるインセンティブやプレッシャーなどの条件、仕事の内容や個人特性などさまざまな媒介要因が存在するといった理由から、職務満足とパフォーマンスは必ずしも直結しない。組織コミットメントに関しては、情緒的コミットメントの場合にはパフォーマンスとの関係は正の相関となるが、功利的コミットメントの場合にはパフォーマンスとの関係が負の相関となるなど、組織コミットメントの理由によってパフォーマンスとの関係が正にも負にもなってしまうた

めだ。

　最後にキャリアとパフォーマンスとの関係だが、人の一生を通じて形成されるキャリアにおいて、パフォーマンスとの関係を定量的に分析するのは不可能であろう。人の一生を通じたパフォーマンスを向上させ、有意義で幸せな人生を送るためにはどのようなキャリア設計をすればよいかを、さまざまな角度から分析しているのがキャリア理論といえる。

　組織行動分野におけるキャリアと関連概念との比較について紹介したところで、いよいよキャリア理論について詳しくみてみたい。キャリア理論には実に多様なアプローチと理論が存在する。本書ではそうした多岐にわたる理論のうち、自分に適した仕事を知るための理論、ライフステージに応じたキャリア発達論、キャリアの転機（トランジション）に注目した理論、キャリアの変遷に着目した理論などを紹介する。

2　ホランドの六角形モデル

　はじめに、自分に適した仕事を知るための理論を紹介する。ここで取り上げるのは、ジョン・ホランドの六角形モデルである。六角形モデルはパーソナリティと職業とのマッチングを通じて適職を見つけていこうとするもので、学校卒業後の最初の職業選択を念頭においた理論である。

　六角形モデルの主張は以下のとおりである。人は自分のパーソナリティに適した職業を選択することによって就職できる確率が高まり、就職後も高いパフォーマンスを達成することができる。その高いパフォーマンスによって周りから高い評価を受け、それが仕事への関心や職務満足、モチベーションを向上させ、さらなるパフォーマンス向上に結び付ける、という正のスパイラル状態を実現できるという考え方である。

　ホランドの理論が「六角形モデル」と言われる理由は、パーソナリティを6タイプに分類したうえでそれぞれに適した職業環境を提案し、パーソナリティと職業環境のマッチングを六角形で示しているためだ。個人特性と職業特性のマッチングからの職業選択に関する理論化は、フランク・パーソンズ

のマッチング理論にその源流を見ることができ、六角形モデルはこのマッチング理論の流れをさらに発展・精緻化させた理論と考えられる。

六角形モデルにおけるパーソナリティ分類と各パーソナリティに適した職業環境は以下のとおりである。

① **現実的タイプ**（Realistic Type）：物、道具や機械、動物などを対象とした明確で秩序立った組織活動を好む。内気で、粘り強く、現実的思考が強い。手先が器用で、電気・機械の組み立てや修理、農作業、職人的な仕事などに向いている。適した職業としては、飛行機や電機関係のエンジニア、カメラマン、水道・ガスの配管工などがある。

② **研究的タイプ**（Investigative Type）：数学、物理学、生物学などに関心を持ち、探索的・研究的な仕事を好み、抽象的概念の構築、論理的思考力などに長けている。独立志向が強く、自分の意見を明確に持って表明していく。適した職業としては、研究者、医師、SEやプログラマーなどの情報処理技術者がある。

③ **芸術的タイプ**（Artistic Type）：新しいことの創造に関心と能力を持ち、文章力や音楽、美術などに長けている。感受性と創造性が豊かで自由を求め、規則に縛られることを嫌い、芸術的活動を好む。適した職業としては、自由な環境でクリエイティビティを発揮できるアーティストやデザイナー、編集者、評論家、ライターなどがある。

④ **社会的タイプ**（Social Type）：人との交わりを大切にし、社会活動に熱心に取り組む。対人関係能力・コミュニケーション能力が高く、対人的・社会的な仕事を好む。適した職業としては、教育関連分野と福祉関連分野があり、前者では教師や学校の事務職員、後者ではソーシャルワーカー、カウンセラー、看護師、介護職などが挙げられる。

⑤ **企業的タイプ**（Enterprising Type）：新事業の企画や構築、リーダーシップを発揮して組織づくりや組織運営などを行うことに興味と能力を発揮する。人・モノ・カネを含めた全般的なマネジメント能力を有し、他者に働きかけてグループとしてのパフォーマンスの達成に関心を持つと同時に、個人としてのパフォーマンス達成にも興味と能力を有する。適した職業に、グループ

図表7-2 ホランドの六角形モデル

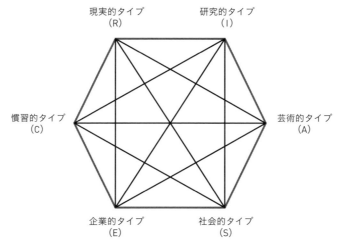

出典：宮城まり子『キャリアカウンセリング』(2002, 駿河台出版社) をもとに作成

としての目標達成やパフォーマンス向上面では、企業の管理職やチームリーダー、起業家などがある。個人としてのパフォーマンス向上面では、営業職などが挙げられる。

⑥ **慣習的タイプ**（Conventional Type）：ルールに従い同じことを繰り返す仕事、データ情報を系統的・秩序的・体系的にまとめる仕事に関心を持つ。適した職業としては、職務内容が明確に決められている職業、具体的には秘書、経理、企業の事務職、銀行の窓口業務、会計士、企業の受付などが挙げられる。

　これら6つのパーソナリティは各パーソナリティの頭文字をとって「R-I-A-S-E-C」と呼ばれることが多く、六角形モデルの別称として、このR-I-A-S-E-Cが用いられることもある。

　以上が、パーソナリティと各パーソナリティに適した職業に関する6つのパターン設定である。では、この6タイプにどの程度の類似性と相違性がみられるのだろうか。これら6つのタイプには似通ったタイプもあるし、まっ

たく異なるタイプもあると予測される。この疑問に対する答えは、後に開発された職業選択傾向調査の質問票から得た多数の回答によって明らかになった。職業選択質問票に挙げられた約160種の職業から得られた回答により、6タイプのパーソナリティ・職業の適合関係に相互関係がみられることが確認できた。このホランドの調査結果をもとに、六角形のパーソナリティタイプ間の関係プロファイルが開発され、「六角形モデル」と呼ばれるようになったのである（**図表7−2**）。

六角形で示されたモデルにおいては、近くにあるパーソナリティや職業の適合関係ほど類似性が高く、遠く離れるほど類似性が低くなり、対角線上の位置関係にあるタイプ同士が逆のタイプということになる。

六角形上で隣り合う、いくつかの最も類似性の高いパーソナリティ・職業環境タイプについてみていこう。たとえば研究的タイプ（I）と類似性が高いのは現実的タイプ（R）と芸術的タイプ（A）であり、社会的タイプ（S）と類似性が高いのは企業的タイプ（E）と芸術的タイプ（A）となる。これらの類似性が高いタイプでは、興味や能力などの類似性も高いため、自分のパーソナリティに適した職業につけなくても、類似性の高いパーソナリティおよび適職タイプの仕事に就職できればパフォーマンスを上げやすく、人事評価などにおいても一定の評価を得やすい。その結果、職務満足度やモチベーションが向上する可能性も高くなる。

逆に、六角形の対角線にあるパーソナリティ・適職のタイプでは、興味や能力面での類似性が低い。このため、対角線上の真逆の職業についてしまうと、仕事に興味がわかずやる気がおきない、不得手な仕事を要求されて結果が出せないといった悪循環に陥ってしまう。その結果、周りからの評価や称賛などを得られず、人間関係や処遇等さまざまな面で悪影響が出る可能性も高くなる。これはキャリア全体の失敗につながる可能性が高く、一生の問題となりかねない。真逆の興味・能力を要求する職業の関係は、たとえば研究的タイプ（I）と企業的タイプ（E）、芸術的タイプ（A）と慣習的タイプ（C）、現実的タイプ（R）と社会的タイプ（S）などがこれにあたる。

そして、六角形の2つ隣にあるパーソナリティおよび適職タイプは、隣り合っているタイプ（タイプ間で興味・能力の類似性が高い）と対角線上にあるタイ

ブ（タイプ間で興味・能力の類似性が低い）の間に位置する中間的な関係である。この場合、両者間の興味・能力がある程度共通しているため、十分ではないがかろうじて対応できる職業と捉えられている。たとえば研究的タイプ（I）の場合、社会的タイプ（S）と慣習的タイプ（C）であればなんとか対応できるという解釈だ。

研究者と教師という2つの異なる興味や能力を要求される大学教授という職業につく筆者にとって、この点は非常に興味深い。ホランドの主張にたてば、なんとか対応できる程度の異なる興味・能力が求められる仕事についているのだと考えさせられるからだ。

3 ｜ キャリア・アンカー

「キャリア・アンカー（Career Anchor）」とは自分自身の職務経験を通じて認識した仕事に対する価値観や能力、モチベーションなどのことであり、エドガー・シャインによって提唱された概念である。自分自身がどんな職業能力を持っているか、また仕事に対してどんな興味や価値観、モチベーションを持ちながら働いているのかは、実際にある程度体験してみなければわからないというのが、キャリア・アンカー理論のキャリアに対する基本的な考え方である。これはホランドの六角形モデルの、パーソナリティ・タイプに適した職業選択がキャリアの成功に結びつくとする考えとは異なるものだ。

仕事にはさまざまなタイプがあり、職務内容や環境などによって要求される能力も変わってくる。そのため、自分の仕事に対する能力や価値観、モチベーションなどを理解するには、おそらく10年以上の職務経験が必要となるだろう。人は自分の実体験を通して自分はどんな仕事が好きで、どんな仕事ができるのかを知っていくのである。

シャインは、このように自分自身が知覚する仕事に対する能力や興味を「キャリア・アンカー」と呼んだ。「アンカー」とは錨を意味する言葉である。シャインは個人のキャリアを船にたとえ、ちょうど船がつながれた錨の周りを漂うように、個人はある特定の仕事領域に能力や特定の価値観を有してい

ると主張した。これを別の角度で捉えると、どうしても捨てることのできないキャリアの方向性という見方もできる。人がキャリアの選択を迫られたとき、これだけは捨てることはできないものとして選択していくのがキャリア・アンカーである。つまり、自分自身のキャリア・アンカーを知るにはキャリアの選択が迫られる場面に何度か遭遇する必要があり、それには少なくとも10年以上の職務経験が必要というわけだ。こうして人は数度のキャリア選択を通じ、いつしか自分にとって最も重要で捨てることのできない1つのキャリア・アンカーを知ることとなる。

　キャリア・アンカーの開発は、シャインが教鞭をとったMITスローン経営大学院修士課程の同窓生を対象に行われた質問票とインタビューを調査基盤としている。最初の調査は、修士課程の学生44人に対し、2年在籍時に行った質問票調査である（1961年から63年までの3年間）。卒業の1年後に同様のインタビューを実施し、さらに卒業から5年後に質問票調査を、1973年に44人の対象者全員に対してフォローアップ・インタビューを行った。これら一連の調査の結果、彼らがキャリアの選択やさまざまな職業経験を通し、キャリアに対する考え方をどのように形成していったかが明らかにされた。

　おもな発見は、44人の職業体験やその時々のキャリア選択は非常に多岐にわたっていたが、1人の人の中では、キャリアに対する考え方や選択基準はほぼ一貫していたという事実である。シャインはこの結果を踏まえ、具体的に従事する仕事はその時々で異なるものの、各人は特定のキャリアタイプに対する関心や指向性を持っているとして、これを「キャリア・アンカー」と名付けた。44人のキャリアの軌跡を掲載したシャインの『キャリア・ダイナミクス』には、アメリカ社会で多くの人が転職を経験する中で、各人がキャリアの選択をしていく様子が生き生きと描かれている。

　『キャリア・ダイナミクス』が出版された1978年の時点では5つとされていたキャリア・アンカーのタイプは、その後の研究によって数を増やし、現在は以下の8つのタイプが提唱されている。

① 　専門・職種別コンピテンス：特定の職業領域で専門性や能力の向上に満足とやりがいを感じる人。これらの人はキャリアの途中で他分野の仕事に異

動となると満足感が低下し、スキルも十分に発揮されない。自分の専門領域を極めることを指向するため、専門性の追究に必要と判断される場合には、その分野のマネジャーになることに意欲的だが、ジェネラルマネジャーになることには興味を持ちにくい。
② **全般管理コンピテンス**：キャリアを重ねるにつれて経営管理そのものに興味を持ち、ジェネラルマネジャーに求められる能力を有していることに気づく人。自らの事業領域や業界、職能分野においてエキスパートになる必要性は認めるが、それはジェネラルマネジャーとして仕事をするうえで必要と考えるからである。
③ **自律・独立**：どんなときも自分のペース、納得する仕事のやり方で仕事をしたいと強く望む人。組織内での生活を制約の多い非合理なものと感じ、会社から独立した自律的なキャリアを望む。
④ **保障・安定**：安全で確実、将来の出来事を予想でき、ゆったりとした気持ちで仕事ができることを何よりも重視する人。多くの人にとって安定は重要な要素だが、このタイプの人は、キャリア選択において安定性を最も重要な基準とするため、雇用保障や退職時の諸制度が整った安定した組織を選択する傾向がある。
⑤ **起業家的創造性**：新製品開発や新市場開拓、新規事業の構築、新たな財務上の工夫、既存事業の再編によって新事業を興すなどの創造的活動に価値をおく人。発明家や芸術家になる人もいるが、ビジネス界では起業したり、既存組織内で新しいビジネスを興す人が多い。
⑥ **奉仕・社会献身**：何らかのかたちで社会をよくしたり、他人に奉仕することに価値を見出す人。医療・看護・社会福祉・教育などの職業につく人が多い。他の分野でも、社会のためになると信じるビジネスに熱心に取り組む人がこれにあたる。
⑦ **純粋な挑戦**：解決困難な問題に挑戦すること、手ごわい相手に打ち勝つことなどに価値を見出す人。このタイプのアンカーを有する人にとって、挑戦こそが唯一のテーマであり、常に自己を試すチャンスがないと退屈し、変化に富んだキャリアを指向しようとする。
⑧ **生活様式**：ワークキャリアを生き方や生活全般と調和させることに価値

をおくタイプ。ワークライフバランスを重視した仕事を選択する人がこれにあたる。組織のために働くことには非常に前向きだが、その際に自分の時間の都合に合わせた働き方ができることが重要な要件となる。

4 ライフステージ（年齢段階）に応じたキャリア発達論

　年齢段階に応じてキャリア発達を議論するライフステージモデルでは、人生をいくつかの段階に分けて、それぞれの年齢段階に応じたキャリア発達のあり方を論じるというスタイルをとる。その背景には、年齢段階ごとに多くの人が遭遇する共通のライフイベントや課題があり、それらを経験したり乗り越えることで次の発達段階に移行していくという考え方があるからだ。また、発達段階の間にはそれぞれに移行期が存在する。

　キャリアステージに応じたキャリア発達論には、人生を日の出から日没までの1日にみたてたカール・ユングのライフサイクル論、アイデンティティの確立段階によって人生を捉えたエリク・エリクソンの心理社会的発達論など、さまざまな理論があるが、本書ではダニエル・レビンソンの「人生の四季」、ドナルド・スーパーの「ライフキャリア・レインボー」を紹介する。

4-1　人生の四季

　ダニエル・レビンソンは1年に春夏秋冬の四季があるように、人生にも四季に似た発達および衰退段階があるとして、人生を大きく次の4つの時期に分類し、さらに各時期を1〜4期に分類している（**図表7-3**）。なお、この図表で「男性のライフサイクル」と記載しているのは、レビンソンが35〜45歳の男性を対象に調査を行ったためである。レビンソンは調査対象者が40人と少ないため、性別属性を統一したほうがよいと考え、男性のみを調査対象に選んでいる。

(1) 児童期・青年期：0〜22歳

図表7-3 男性のライフサイクル──成人前期と中年期の発達段階

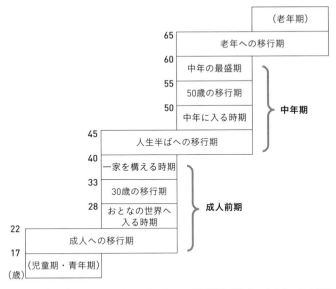

出典：Levinson, D, J. (1978) *The Seasons of a Man's Life*, Knopf（南博訳『ライフサイクルの心理学』[上]，1992，講談社）をもとに作成

- 幼児への移行期（0〜3歳）
- 児童期・青年期（3〜17歳）
- 成人への移行期（17〜22歳）

（2）成人前期：17〜45歳
- 大人の世界に入る時期（22〜28歳）
- 30歳の移行期（28〜33歳）
- 一家を構える時期（33〜40歳）
- 人生半ばへの移行期（40〜45歳）

（3）中年期：40〜65歳
- 中年に入る時期（45〜50歳）
- 50歳の移行期（50〜55歳）
- 中年の最盛期（55〜60歳）
- 老年への移行期（60〜65歳）

第7章 キャリア理論 • 149

（4）老年期：60歳以降

　レビンソンは、この4つの時期を人生のステージと捉え、ライフキャリアもワークキャリアも連続した流れではなく、質的に異なるステージからなると考えた。春夏秋冬という季節が、気温や日照時間の違いだけでなく、そこで暮らす人たちの生活や暮らしの質に大きな影響を及ぼすのと同じである。

　上記4つの時期には重複する部分もあり、この重複期が移行期となってどちらの時期とはっきり区分できない期間が生じる。実際、季節は突然春から夏になるわけではない。徐々に気温が上がり、しかもその変化は一様ではなく、夏を感じる日があったかと思えばまた涼しい日が戻ってくるといったように、季節間を行ったり来たりしながら夏を迎える。人生においてもこうした移行期が存在すると考える。

　　（0）➡ （1）幼児への移行期：0～3歳
　　（1）➡ （2）成人への移行期：17～22歳
　　（2）➡ （3）中年への移行期：40～45歳
　　（3）➡ （4）老年への移行期：60～65歳

　移行期は次のステージに向かう準備をする重要な時期である一方、人生の質的変化を体験するトランジション（転機）の時期であるため、不安定な時期となる。トランジションは、次の新たなステージに移るための大切な時期であると同時に、これまで慣れ親しんでいた生き方や生活とは異なる未知のステージに移る時期であるからだ。この段階をどのように通過していくかが、次のステージにとって重要となる。

　たとえば、大学を卒業して就職するという移行期には、大きな変化を余儀なくされる。上司との関係など、これまで体験したことのない人間関係にどう対応すればいいか戸惑うこともある。また、仕事上、苦手な人とも良好な人間関係を構築することが求められるため、これまで経験したことのないストレスを経験することも多いだろう。この新たな環境に適応するには、これまでとは異なるステージを迎えた自らの生活を見つめ直し、自身の生き方や

価値観など内面的な適応と、上司や同僚、顧客など実際に直面する他者との関係という外部環境への適応が必要となる。

レビンソンは人生を質的に異なるいくつかのステージに分け、その中で生活構造の安定期と移行期が交互に進んでいくものと捉える。そして、安定期と移行期のいずれにおいても人生の発達への課題をもつとする。安定期の課題は、生活上の重要な選択を行いながら現実の生活を築いていくと同時に、自分自身の人生目標や価値観を醸成していくことである。移行期の課題は、それまでの安定した生活を見直し、次の安定期に備え新たな生活基盤のための重要な選択をしていくことだ。この繰り返しのサイクルこそが人生であるというのが、レビンソンの主張である。

4-2　ライフキャリア・レインボー

ドナルド・スーパーの考え方の中心となるのは、自己概念である。「自己概念」とは、興味、能力、自身の価値などに対する自己イメージであり、自己概念の形成要因は、「個人が主観的に形成してきた自己に対する概念」（主観的自己）と「他者からのフィードバックや評価などによって形成された自己に対する概念」（客観的自己）の2つに大別される。いずれも自分自身の体験や社会環境、周囲からのフィードバックや評価などによって、長期にわたり徐々に形成されていく。スーパーにとって人生とは、自己概念を実現し発展させていくプロセスである。

自己概念は、肯定的な自己概念と否定的な自己概念に二分される。肯定的自己概念は人を積極的に行動させる力であり、この肯定的自己概念が強いと、職業に対する適応や能力を向上させるエネルギーを有し、キャリア開発に果敢にチャレンジしていく。

他方、否定的な自己概念は自己に対する自信を失わせるものであるため、否定的自己概念が強いと、自信や仕事に対する積極的チャレンジが減退し、職業選択においても間違うことが多くなる。この自己概念のうち職業に関するものを「職業的自己概念」と呼び、肯定的な職業的自己概念の実現により、職業的成熟（仕事の価値観やキャリア選択を行うスキルレベルの成熟）が実現してい

くとする。

　人は人生を通じて自己概念を発展させていく。スーパーは人生のキャリア発達ステージを5つに分類し、各ステージに達成すべき課題があり、その課題を達成すれば次の課題達成のための基礎ができるが、課題達成に失敗すれば次のステージでの課題達成は困難になるとみなす。この5段階のライフステージと、もう1つの要素である人生役割（ライフスペース）から、人が生まれてから死ぬまでのライフキャリアをどのように構成するかを視覚的に描写した「ライフキャリア・レインボー（Life Career Rainbow）」を提唱した（**図表7-4**）。これはキャリアを時間軸（ライフステージ）と人生役割（ライフスペース）の2つの次元で捉えたキャリアモデルである。

　まずは1つめの時間軸について説明したい。ライフキャリア・レインボーでは、以下のように、時間軸となるライフステージを成長、探索、確立、維持、解放の5つに分類し、生涯を通じてこの5段階を上がっていくプロセスを「マキシサイクル」と呼ぶ。

(1) 第1期：成長段階（0～14歳）
　身体的発達とともに自己概念が形成され、自身の興味や関心、能力を探究する段階。職業に関する空想や欲求が徐々に芽生え、職業世界に関心を抱きはじめる。

(2) 第2期：探索段階（1～24歳）
　職業にはさまざまな種類が存在することを知り、自分に合う仕事につくために必要な能力について学ぶ段階。自らの興味・関心にあう職業につくために必要な能力を習得し、職業生活に入っていく、職業選択に最もかかわりの深い時期である。

(3) 第3期：確立段階（25～44歳）
　ワークキャリアの初期段階。特定分野の職業経験を得てパフォーマンスを徐々に向上させ、職業に関する専門性が高まり、昇進していく段階。

(4) 第4期：維持段階（45～65歳）
　特定の職業分野で地位を確立すると同時に新たな分野の知識・スキルを身につけ、さらなる昇進をしていく段階。ワークキャリアが成功すれば自己実

図表7-4 ライフキャリア・レインボー

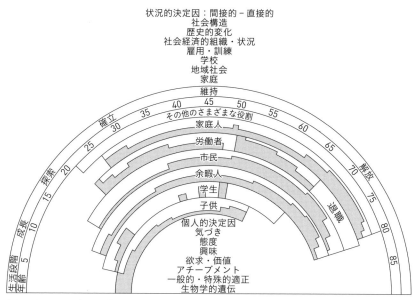

出典：渡辺三枝子（編著）『新版　キャリアの心理学』（2007, ナカニシヤ出版）をもとに作成

現段階となる。後半では徐々に退職後のライフキャリアのための具体的な計画を立てていく。

(5) **第5期：解放段階(65歳以降)**

　有給の仕事をリタイアし、職業以外の新たなキャリアを歩み始める段階。家族との交わりや地域活動、趣味・余暇活動などを楽しみながら過ごす時期でもある。

　さらにスーパーは、5段階の各ライフステージの間には移行期があり、その移行期に、新たな段階に進むための成長や探索、確立というミニサイクルが含まれるとした。つまり一生を通じてのキャリア発達は、ミニサイクルを含んだらせん状の形態をとるという見方である。

　ライフキャリア・レインボーにおいて、もう1つの要素となるのが人生役割（ライフスペース）である。人はさまざまな場所（家庭、学校、職場、地域社内な

第**7**章 キャリア理論 • 153

ど）で、それぞれの人生役割を演じる。ライフスペースには、①子供、②学生、③余暇人（余暇を楽しむ人）、④市民（地域活動など地域への貢献の役割）、⑤労働者、⑥配偶者（妻・夫）、⑦家庭人（自分の家族を維持管理する）、⑧親、⑨年金生活者などの役割があり、ライフステージごとにそれぞれの役割を対応させている。**図表7-4**で示したとおり、ライフスペースにおいては一時期に労働者・家庭人・配偶者など、複数の役割を同時に果たすことが可能であり、それぞれが相互に作用を及ぼしあう。

なお、スーパーは後年、ライフキャリア・レインボーの改訂版ともいえるアーチモデルを提唱し、キャリアは役割、自己概念、ライフステージなどを総合的に統合して開発されると主張した。キャリアは個人特性と社会環境の相互作用を通じ、一生を通して開発・形成されると考えたのである。

5 キャリア・コーン

ここまで、ライフステージに応じたキャリア発達論を紹介したが、次に紹介するのは、エドガー・シャインが提唱した「キャリア・コーン（Career Cone）」と呼ばれるキャリア発達論である。これは人生全体を対象とするキャリア発達論とは異なり、組織内でのキャリア発達に特化した理論である。キャリア・コーンとは**図表7-5**に示すように、組織内で3方向から形成されるキャリア発達モデルである。

キャリア・コーンの提案するキャリア開発の3方向は以下のとおりである。

(1) 組織階層の移動（垂直移動）：課長職・部長職につくなど職位や職階を上がる（あるいは下がる）という組織の垂直方向の移動。引退間際まで移動を続けて経営トップ層まで上りつめる人もいれば、キャリアのかなり早い段階から昇進しない人もいる。職業や組織によって階層が多いものと少ないものがある。

(2) 機能間の移動（水平移動）：経営機能領域あるいは専門領域間での移動。たとえば、同じ組織内のマーケティング部門から販売や製造部門などへの水

図表7-5 キャリア・コーン

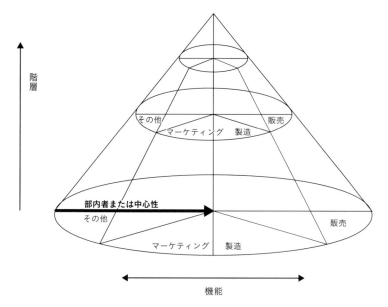

出典：Schein, E. H.（1978）*Career Dynamics, Matching Individual and Organizational Needs,* Addison-Wesley Publishing（二村敏子・三善勝代訳『キャリア・ダイナミクス』1991，白桃書房）をもとに作成

平的・横断的移動である。キャリアの早い段階から1つの専門領域に特化し、職業生活のすべてをそこで過ごす人もいれば、多くの領域を経験し、やがてジェネラルマネジャーの道に進む人もいる。

(3) 職業および組織の核に向かう移動（組織の中心への移動）：特定の組織に長く在籍することでその職業ないし組織のシニアメンバーから信頼を得、責任・権限が高まり、組織の部内者化の次元において、組織の中核に向かっていく。通常、組織階層の垂直移動である昇進というかたちをとるが、一定の階層水準に留まりながら経験を積み、組織内での信頼を得ることによって、組織の中心的な部内者となるケースも多いにありうる。

シャインは以上の3つの次元を組み合わせることによって、組織は垂直に3次元の円錐形（Cone）を描くとした。組織階層の移動は円錐の下から上へ、

専門領域・経営機能領域間の移動は円錐の円周に沿って、また組織内部の中心領域への移動は円錐の中心へと向かう動きとして、それぞれ描けるというものである。この3つの次元の移動はいずれも質的に異なるが、キャリアの重大転機はこれら3つの次元の境界線の1つ、あるいは複数の領域を通過していくことであると促える。

こうした3方向のキャリア発展段階を踏まえたうえで、シャインは組織内でのキャリア発達を8つのサイクルに区分している。さらにキャリアサイクルを考えるうえでは職業や組織への参加に先立つ時期にも注目することが重要だとして、エントリーの前段階（0～21歳）も加え、以下の9つのサイクルにまとめた。

第1段階：成長・空想・探究（0～21歳）
第2段階：仕事の世界へのエントリー（16～25歳）
第3段階：基本訓練（16～25歳）
第4段階：キャリア初期の正社員資格（17～30歳）
第5段階：正社員資格、キャリア中期（25歳以降）
第6段階：キャリア中期の危機（35～45歳）
第7段階：経営幹部とそうでない人でキャリアの方向性や内容が分かれる
　　　　　（40歳～引退まで）。
第8段階：衰え・離脱。衰えが始まる年齢は人によって異なる。
第9段階：引退

上記のキャリアサイクルでは第2～4段階はエントリー段階と捉えられ、自主的に自らの職業貢献分野を開発すると同時に組織の下級メンバーとしての仕事も率先して引き受けなくてはならず、自律性と依存性の両方を兼ね備えていることが鍵となる。この段階では組織におけるメンバーシップを得ることで、次のキャリアの中期段階（第5段階）へと進む。また、技術的専門領域での貢献に加え、他者への援助などリーダーシップに対する組織からの要求と自らの要求が出てくる時期でもある。同時に多くの人がキャリア中期の危機を迎え、自らを再評価して、今後のキャリアの方向性を考えはじめる

（第6段階）。キャリア後期（第7段階）は追求するキャリアの種類や経営層として昇進していく度合い、仕事への関与度などによってその姿は異なってくる。だが、他者への援助、引退準備といったことはすべての人にとって必要なものであり、これによってキャリアの最終的な満足度も変わってくる。

　ここではシャインの著書『キャリア・ダイナミクス』で示したキャリアサイクルを紹介した。時代によって大学進学率や採用状況、職業観などは変化するため、現在の状況と一部異なる部分もあるが、時代や雇用・労働市場の状況などの違いをふまえつつ、ぜひ参考にしていただきたい。

6 ｜「トランジション(転機)」に注目した理論

6-1　3段階でトランジションを捉える

　本章で紹介してきたキャリア理論の多くが、年齢や職業経験などによって複数のステージを経験するという考え方を前提とする。その背景にあるのは、人間の人生を連続的なものとして捉え、そのなかでポイントとなるトランジション（転機）が存在するという視点である。これに対し、次に紹介するウィリアム・ブリッジズは、人間のキャリア構築においてはこれらのトランジションにどのように対応するか、その対応の仕方が非常に重要であるとみなした。ブリッジズのトランジションモデルにおいては、転機となるのは、結婚や出産、本人や家族の病気、家族や友人の死、入学や就職、失業、昇進などその人に起こる独自のイベントであり、これらのトランジションそれ自体が人生に大きな意味をもたらすと捉える。

　私たちは人生のなかで、多数の転機となる出来事を経験する。ブリッジズは自らの経験をもとに、人生の転機を体験した人たちを集めてグループセラピーを開催し、そこから多くの共通項を見出した。セラピー参加者の発言から明らかになったのは、人生で遭遇する転機には、結婚や出産、昇進などよい転機もあれば、愛する人の死や勤務先企業の倒産など悪い転機もあり、こうしたあらゆる転機への対応の仕方次第で、その先の人生が大きく変わって

くるという事実であった。

　ブリッジズは、トランジションには、①何かの終わり、②中立(ニュートラル)ゾーン、そして、③何かの始まりという3つの段階があり、各段階にしっかり向き合って対応することが重要だとする。グループセラピーを通じて彼が得たのは、転機を迎える際、人は目の前の新しい状況にばかり注目し、これまで慣れ親しんできた状況が終結したことに対し、十分な自覚や対応をしていないケースが多いという事実であった。

　進学や就職、昇進、結婚など、その人の人生にとって喜ばしい状況への変化であったとしても、これまでの状況が終結することにかわりない。たとえば、大学進学では新しい学習環境や仲間に出会えるが高校時代の友人や先生とは別れなくてはならない、結婚で愛する人との生活が始まるが独身時代のような自由は失われる、といった具合である。新しい何かが始まる際には何かが終わることを自覚する必要がある。

　そこで重要になるのが、トランジションにおける「何かの終わり」と「中立ゾーン」の段階にしっかりと向き合うことだ。「何かの終わり」とは、これまでの状況が(時にとても大切でもっと続いてほしいと強く感じるような状況も含め)終わったことを実感する段階である。たとえば大学進学を機に地方から上京してきた人は、これまで常に一緒であった家族や友人と毎日会えなくなる。また就職すれば、日中の大半の時間を上司や同僚などと過ごすことになる。職場での人間関係は、学生時代の友人関係とはまったく異なるものであり、人はこの終わりの段階において、これまでの友人関係がもう戻ってこないことを自覚するのである。

　次に訪れるのが「中立ゾーン」である。これは元の状況に戻すことはできないが、新たな状況にも十分対応できていない状態である。これまでの自分と将来の自分との間で葛藤を感じやすい時期であると同時に、新しい状況に対する精神的方向づけが行われる最も重要な時期である。1人になる時間を確保し、自己を内省して今後何をしたいかを考えつつ、新たな自分と向き合っていくことが必要になる。その際、感じたことを日記などに記録しておくのもよいだろう。この段階をしっかり乗り越えずに次の新しい状況を迎えると、本来幸せであるはずが、失った過去を懐かしむことにもなりかねない。

図表7-6 トランジション・サイクル・モデル

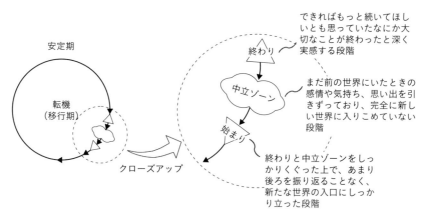

出典：金井壽宏『キャリア・デザイン・ガイド：自分のキャリアをうまく振り返り展望するために』
（2003, 白桃書房）をもとに作成

　たとえば、愛する人と望み通り結婚できたとする。これは個人にとって喜ばしい状況である一方、独身時代のような自由な時間が減り、仲のよかった友人と疎遠になることもあるだろう。あるいは独身時代は買いたいものを自由に買えていたが、結婚後は妻（あるいは夫）に相談しなくてはならず、時によっては、結婚生活に対して失望する人もいるかもしれない。これは、結婚によってこれまで得てきた何かを失うという終わりの時期と、新たな自分と向き合う中立ゾーンを十分に経ずに始まりを迎えたことで生じる問題である。

　ワークキャリアで考えてみると、課長に昇進してうれしい、これからはもっとがんばるぞと最初は張り切っていても、思いどおりに仕事が進まなかったり、楽しくないと感じることもあるかもしれない。こうしたケースでは、新たな状況に十分対応できていないことが多い。これまでは自分のパフォーマンスを向上させることが求められたが、課長になると、課全体のパフォーマンスを重視しなくてはならないなど、仕事に対する考え方や行動において新たな対応が求められ、今までは楽しく感じられていた仕事がつらいと感じられるかもしれない。このため、昇進した際はこれまでの世界とは別の世界に入るのだということを自覚し、何かの終わりと中立ゾーンの各プロ

セスを、十分に時間をかけて経験することがキャリアの成功において非常に重要となる。

6-2　ワークキャリアのトランジション・サイクル・モデル

　ブリッジズのトランジション・サイクル・モデルが対象とするのは、人生全体である。これに対し、ナイジェル・ニコルソンはイギリスのミドルマネジャーを対象とした調査をもとに、ワークキャリアに特化したキャリア・トランジション・サイクルを提案した。ニコルソンはトランジションのサイクルを以下の4段階に分類している（**図表7-7**）。

　1つめは、就職・転職・昇進・異動などで新たな仕事や職場など次のキャリアに入る準備（Preparation）段階、2つめは、実際に次のキャリア段階に入って新たなことに遭遇（Encounter）する段階、そして3つめが、新しいキャリアに慣れてきて遭遇段階が終了し、順応（Adjustment）していく段階、最後に、すっかり慣れて落ち着いていく安定化（Stabilization）の段階である。こうしてキャリアごとに「準備➡遭遇➡順応➡安定化」の4段階のサイクルを繰り返すというのが、ニコルソンの主張である。

　図表7-7には、4つの各段階における課題と目標、不適応となるとどのような状態になるか、うまく適応するための方策および救済策、マネジメントや人事部の役割などをA～Fに記載し（ニコルソンの主張に金井壽宏氏が説明として加えたもの）、4段階における具体的な課題や対応方法などを、実践の場で応用しやすい形で示している。

　4つの各段階を、新入社員から中堅へのキャリア段階と中堅から管理職へのキャリア段階という2つの例で考えてみよう。まず新入社員から中堅へのキャリア段階である。第1の準備段階は、新入社員時代が終わり、後輩に仕事を教える中堅の立場となる時期であり、後輩のはじめてのOJTに備え、業務内容をまとめたメモを作るといったことが具体的な準備として挙げられる。第2の遭遇段階は、作成した業務メモに基づいていよいよ後輩へのOJTを始める段階であり、続く第3の順応段階は、当初はぎこちなかった後輩との関係が改善され、後輩もOJTを通じてパフォーマンスを上げていく段階

図表7-7 ワークキャリアのトランジション・サイクル（ニコルソン）

第1 (5) 段階　準備 (Preparation)
A 有益な時期、動機、感情を育むこと
B 過度の期待や浮かれた楽観主義：恐怖、嫌気、準備不足
C RJP（仕事の現実をありのままに事前に知らせること）
D リクルート、教育と訓練、キャリア分析と助言
E 期待と動機という心理過程
F モチベーション理論（たとえば、期待理論）、職業（職種）選択理論

第2段階　遭遇 (Encounter)
A 新しい状況に対処できる自信、そこで意味を見出す喜び
B ショック、拒絶、後悔
C 社会的支援（ソーシャル・サポート）、システムでの余裕、安全、新しい世界を探索し発見する自由
D 具体的な仕事への配属と訓練、手ほどきと社会化、職務分析、集団分析、作業スケジュールづくりと計画
E 知覚と情緒に彩られた心理過程
F 情報処理とストレス対処の理論

第4段階　安定化 (Stabilization)
A 持続した信頼とコミットメント
　課題をうまくこなし、人々とうまく接する
B 失敗、あきらめ、まやかし
C 目標設定、役割の進化の評価、自己裁量的な管理
D コントロール・システム、リーダーシップ、資源配分、業績評価
E さらなる関係づくりと役割遂行・業績達成
F リーダーシップ理論、役割理論

第3段階　順応 (Adjustment)
A 個人的変化、役割の達成、関係の構築
B うまくあわない、体面を傷つける、不平
C なすべき本当の仕事、初期の成功体験、即座のフィードバックと相互のコントロールを通じての有益な失敗経験
D 監督スタイルとメンタリング（師にあたる人の面倒見）、業績フィードバック・メカニズム、チーム開発、個人開発（自己啓発）の活動、職務再設計
E 同化となじみの心理過程
F 個人の発達（自己啓発）と組織変革の理論

A＝課題と目標、B＝不適応の場合、C＝うまく適応するための方策と救済策、D＝マネジメントや人事部の役割、E＝基本的な心理過程、F＝その他心理過程に適用できる理論

出典：金井壽宏『働くひとのためのキャリア・デザイン』(2002，PHP研究所) をもとに作成

である。そして第4の安定段階では、チームリーダーとしての実績を徐々に積み、社内評価も徐々に上がっていくが、そんなときに管理職候補者であることを告げられ、管理職試験のための勉強を始めるといった段階である（次の準備段階に入る）。

　中堅から管理職のキャリア段階では、第1の準備段階は、昇進試験に備えて通信教育を受けるなど、管理職への準備を始める段階である。管理職試験に合格してようやく管理職となり、初めて部門の収支責任や部下に対するマ

ネジメントの責任を負うなどの新たな状況に対応するのが第2の遭遇段階であり、第3の順応段階では、しだいに部下のマネジメントや、事業責任者としての意思決定とふるまいに慣れていく。そして第4の安定化の段階では、課長として事業・部下の両面でのマネジメントに慣れて業務実績を上げ、そんな矢先に海外拠点のナンバー2として海外赴任を命じられ、海外勤務のための準備を行う(次の準備段階に入る)という具合にキャリアの段階を進んでいく。

以上のように、ワークキャリアにはいくつかのトランジション・サイクルがあり、各サイクルをスパイラル状に通過しながら上っていくものである。組織にとっても社員に同じサイクルを回り続けられては困るわけで、個人の側からみると、組織で生き残るには、キャリアを上昇し続けることが必要となる。

7 キャリアの変遷

7-1 計画された偶然理論

ジョン・クランボルツらが提唱した「計画された偶然理論(Planned Happenstance)」は、これまでとは異なる斬新なキャリア理論として注目されている。クランボルツらがこの理論を考えるきっかけとなったのは、ビジネスパーソンに自らのキャリアがどのように形成されたかを調査したところ、多くの人から自分のキャリアは計画や指向によって自ら選び取ったというより、偶然によって形成されてきた、という回答を多く得たことにある。従来のキャリア理論が、自らの指向や能力との適合を図る、あるいは発生する事象への対応という意図的なキャリア形成を前提としていたのに対し、この計画された偶然理論では、「偶然」という要素に注目して新たな切り口を提示している点で、一線を画するものである。

一定のキャリアを積んだ人にとって、どんなに強く希望し綿密な計画を立てたとしても、その通りのキャリアを実現させることは難しいというのが実

感であろう。実際にやってみなければ自らのキャリア指向や適性を知ることはできず、やってみたら意外に面白かった、というのが真実に違いない。これはシャインのキャリア・アンカーにも通じる理解である。自分のキャリア指向や適性などは計画的に構築するものではなく、偶然の出会いによるところが大きい。また逆に、計画を立てすぎると予定外のキャリア・チャンスを逃してしまうこともあるだろう。新しい職業やキャリアルートがより生み出されやすくなったいま、この傾向は特に強まっている。

だがそれと同時に、ただ偶然の出会いを待っているだけでは自らの望むキャリアは実現できないのも事実である。人は同じ状況に遭遇しても、全員が同じようにそれを自らのキャリアにつなげていけるとは限らない。他人であれば見過ごしてしまうような機会をとらえる人もいるし、他人にはどうでもいいと感じられることに興味を持つ人もいるだろう。私たちは人生においてキャリア上有効な数々の偶然に出会うが、それをものにできるかどうかはその人次第であるというのが、計画された偶然理論のおもな主張である。

もう1つ重要なことは、計画は偶然の前後両面で必要ということだ。偶然の「前」の側面とは、以前やっていたことが偶然役に立つケースである。

たとえば筆者のキャリアを例にとると、大学卒業後、人事管理の専門誌の編集の仕事をしていたが、次のキャリアを目指して海外留学した。1990年代当時はバブル崩壊後の不況期であったが、海外では日本の経営や人材マネジメントに対する関心は高く、日本の経営を専門とする大学教授に博士課程への進学を薦められて奨学金付きで博士課程に進学する。博士号取得後は日本の大学で教授になるというキャリアの転換を果たす。これは専門誌の編集を通じて日本の人材マネジメントに関する知識を有していたことが偶然留学先の大学教授の関心をひき、その後のキャリア転換につながったというケースである。

もっともキャリアの転換には、偶然の「後」の側面も重要となる。筆者は博士課程で研究を始めた当時、学者ではなく人事系コンサルタントの道を目指していた。だが、博士論文を完成してから最終審査に臨むまでの間に、審査委員の都合で数カ月の空白期間が生じる。この間に日本で就職活動を行おうと決めたものの博士論文審査後に論文の修正を要求されることが多く、す

ぐに就職することは難しい状況であった。そこで半年以上前に内定が出る大学教員の道にキャリアの転向を図ることにする。応募の際には論文・書籍等を記載した学問業績に、英語で執筆していた博士論文の日本語要約版を加えることにした。

こうして日本の大学に就職できたのだが、これも採用時期の関係で大学教員の道に転向するという柔軟性や、論文提出の際に日本語版を添えるという相手の状況を考慮した対応が功を奏した例であろう。この場合の採用時期は、偶然の「後」の側面である。

クランボルツらはこうした偶然の出来事を個人のキャリアに生かすためのスキルとして、以下の5つを挙げている。

① 好奇心 (Curiosity)：新しい学びの機会を模索する
② 持続性 (Persistence)：失敗しても努力し続ける
③ 柔軟性 (Flexibility)：状況の変化に柔軟に対応する
④ 楽観性 (Optimism)：新しい機会を達成できるものと考える
⑤ 冒険心 (Risk-taking)：リスクがあっても行動することを恐れない

これら5つのスキルに一貫しているのは、望ましいキャリア・ビジョンの可能性を広げるための継続的行動をとることである。望ましいキャリア・ビジョンは行動の原動力となるからである。

7-2　デザインとドリフト

ここまで、欧米諸国で提案されてきたモデルを紹介してきたが、最後に、金井壽宏氏の提案するトランジション・サイクル・モデルを紹介したい。これは、キャリアをデザインしすぎないことを重視する考え方だ。キャリア構築においては、実際にやってみなければわからないことが多く、またデザインしすぎると柔軟性を失ってうまくいかなくなる可能性がある。この主張は計画された偶然理論に相通じるものだろう。金井氏は、デザインの反対語として「ドリフト（漂流）」という言葉を提案しているが、これによってデザイ

図表7-8 トランジション・サイクル・モデル（金井）

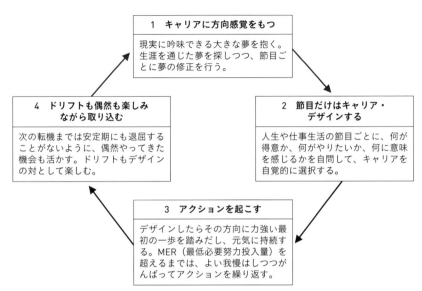

出典：金井壽宏『キャリア・デザイン・ガイド：自分のキャリアをうまく振り返り展望するために』
（2003, 白桃書房）をもとに作成

ンしすぎる危険から逃れることができる。

　ただしドリフトに偏りすぎると行き当たりばったりになる危険性もあり、キャリアが間違った方向に行きかねない。人生全体を通してみたキャリアの大枠の方向性と、次の岐路（1つのトランジション・サイクル）までの一定の方向性だけはデザインしながらも、それ以外はドリフトを楽しみながら柔軟性をもって自分にあったキャリア構築することが重要だというのが、金井氏の主張である。

第8章 リーダーシップ

1 リーダーシップに関する概要

1-1 リーダーシップとは何か

　リーダーシップとは、グループの目的達成のために他のメンバーをリードすることである。言い換えれば、個々のメンバーのモチベーションに影響を与えてグループの目的を達成する試みともいえる。この場合のグループには、組織全体や組織内の部門といった公式のグループと、クラスの仲間やご近所の知り合いといった非公式のグループの両方が含まれる。またリーダーシップを発揮するには、公式の権限や地位は必ずしも必要ではなく、集団にいる誰もがリーダーシップを発揮してリーダーとなる可能性がある。

　リーダーシップはマネジメントとの対比で語られることが多い。マネジメントは組織の目的達成のために公式の地位や権限、責任を有する人が行うことが多く、この点で、リーダーと公式組織におけるマネジャーあるいはマネジメントとは異なっている。これ以外にも多くの研究者がリーダーシップとマネジメントの違いを指摘している。たとえば、マネジメントは正しいと決まったことを行う行為であるのに対し、リーダーシップは正しいことは何か

を決めていく行為であるという主張がある。

1-2　リーダーの種類

金井壽宏氏によれば、リーダーには少なくとも以下の3つのタイプがいる。

(1) 選挙で選ばれたリーダー (Elected Leader)

典型的な例は、民主主義国家における大統領や首相、知事、国会議員など、選挙で選ばれたリーダーである。メンバーに直接選ばれることにより、この場合のリーダーは、幅広い分野で決定権を握ることとなる。選挙で選ばれるという方法から、少なくとも選ばれた当初はメンバーから支持され、強いリーダーシップを有していることが予想される。

(2) 任命されたリーダー (Appointed Leader)

組織において中心となるのが、このタイプのリーダーである。社長や経営トップ層、部長や課長などのマネジャー、プロジェクト・チームのリーダーも、任命されたポジションに応じてリーダーシップを発揮することが期待される。任命されたポジションに応じ、リーダーは予算の策定や執行、部下の評価など、さまざまな面で公式のパワーを得ることとなるが、選挙で選ばれたリーダーとは異なり、部下がリーダーを支持しているか否かはまた別の問題である。このタイプのリーダーが高い組織パフォーマンスを実現するには、部下が彼（または彼女）をリーダーとして支持するかどうかにかかっており、組織におけるリーダーシップ問題の多くは、ここから生じていると思われる。

(3) 自然発生的なリーダー (Emergent Leader)

第3のリーダーシップのタイプは、選挙で選ばれたわけでも任命されたわけでもなく、自然発生的なリーダーである。地震などの緊急時に、偶然そこに居合わせた人たちのなかで自然と避難誘導をリードする人が現れたとしたら、その人はその瞬間、リーダーシップを発揮している自然発生的なリーダーということになる。ビジネスにおいても、プロジェクト・チーム内で特

にリーダーのポジションを与えられていないメンバーが、チーム活動に関する提案を行い、その提案実現のためにチームをリードした場合、そのメンバーは自然発生的なリーダーということになる。

　リーダーになるために公式の権限や地位は必ずしも必要なく、誰でもリーダーになれる可能性があるのは、この自然発生的なリーダーの存在があるからだ。このタイプのリーダーが多数存在している組織は、パフォーマンスの高い活性化された組織といえるだろう。

1-3　リーダーに必要な影響力

　レンシス・リッカートは、係長や課長、部長といった組織のリーダー（中間管理職）が担うべき重要な役割として、上方伝達と下方伝達の要となることを挙げ、このように人と組織を円滑に結びつけるコミュニケーションの潤滑油としての役割を「組織の連結ピン（Linking Pin）」という言葉で表現した。

　リッカートが主張するように、組織の連結ピンとなることはリーダーの重要な役割であるが、部下の信頼を得て仕事を進めるには、さらなる役割が求められる。ここではリーダーが組織のメンバーに与える影響力という側面から考えてみたい。

　これまでの研究から、部下がリーダーに対し、この人は信頼できる、この人についていこうと自発的に思えるには、リーダーが少なくとも以下の4方向の影響力を持っていることが必要との結果が得られている。

①　**上方影響力**：上司に対する影響力。上司を説得し、部門や課など所属する組織ユニットに必要な経営資源を調達する力。自部門が提案した案件の承認を得る、上司の積極的な協力を得るなどがこれにあたる。
②　**水平影響力**：他部門のマネジャーなど、組織内の他部門に対する影響力。自部門の任務遂行やパフォーマンス向上のために、他部門の協力を得るなどがこれにあたる。
③　**組織外部への影響力**：組織外の関係者に対する影響力。外部ネットワークを活用して情報収集したり、自部門の任務達成やパフォーマンス向上のた

図表8-1 リーダーの4方向への影響力

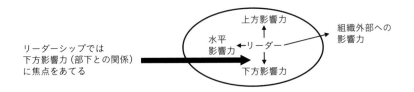

めに組織外部の人たちの協力を得るなどがこれにあたる。
④ **下方影響力**：部下に対する影響力。部下が信頼して自発的・積極的にリーダーについていくために必要な影響力。

　リーダーシップ研究では特に、④の下方影響力（部下との関係）に焦点をあてるが、部下への影響力を発揮するには上方影響力、水平影響力、組織外部への影響力も必要となる。これらの影響力をもたないと組織を動かすことができず、そんな頼りないリーダーに部下がついていくことも不可能である。4方向への影響力の関係を**図表8-1**に示す。

2　リーダーシップ理論
　　　——4タイプの理論分類

　リーダーシップ理論は大きく分けると、「特性理論（Trait Theory）」「行動理論（Behavioral Theory）」「条件適合理論（Contingency Theory）」の3つに分類することができる。リーダーシップに関する書籍の多くが、この3つの分類に基づいてリーダーシップ研究を紹介している。
　1970年代ごろまではこの3分類が主流であったが、1970年代中盤から80年代にかけて、「カリスマティック・リーダーシップ（Charismatic Leadership）」や「変革型リーダーシップ（Transformational Leadership）」などの新しい理論が登場する。これらは変革を起こすリーダーという意味合いが強く、経済・経営環境の変化を象徴的に反映したリーダーシップ理論と言える。本書ではこの変革重視の理論群を加えて、4タイプの理論分類とする。

3 　特性理論

　リーダーシップ研究で最初に取り組まれたのが「特性理論」である。これは外観やパーソナリティ、頭のよさ、対人関係など、リーダーに共通する個人的特性に注目したアプローチである。1950年代以前にこの理論研究がさかんに行われたが、リーダーに共通する具体的な特性を特定できなかったため、次第に衰えていった。

　もっともこの特性理論の研究が完全に途絶えたわけではない。たとえば外観については、背の低いリーダーもいれば高いリーダーもいる、やせたリーダーもいれば太ったリーダーもいるといったように、特定の外観と効果的なリーダーシップとの間に有意な関係は認められなかったが、能力（Ability）、パーソナリティ特性、モチベーションなど、いくつかの項目については効果的なリーダーシップとの関係が一定程度認められている。以下に、この3つの特性とリーダーシップとの関係を捉えた研究を紹介する。

3-1 　能力

　「能力」においてまず注目されたのが、人の知能の基準を数値化し、一般的な知的能力を示すIQ（Intelligence Quotient）であった。以前の研究ではIQが高い人ほどリーダーとしても効果的であるとされたが、成功したリーダーの中にはIQが非常に高い人もいれば、平均以下の人もいて、IQが高いことが必ずしもリーダーの必須条件ではないことが明らかになってきた。

　IQに関して次第に解明されてきたのが、リーダーとメンバーとの間であまりにIQの差が大きいとうまくいかないという事実である。その理由として、リーダーの問題意識や発言内容をメンバーが十分に理解できないことが挙げられる。リーダー自身も、自分の考えをメンバーにどのように伝えればよいか、わからなくなってしまうからだ。

　ほかにも能力を考える際に重要なものとして、対人関係能力がある。対人

関係能力には説得力や効果的なコミュニケーション、相手の感情を理解するなどさまざまな能力が含まれており、この対人関係能力にはリーダーシップの有効性との関係が認められる。

なお近年、注目を集めているものの1つに、ダニエル・ゴールマンが提唱したEQ（Emotional Quotient＝心の知能指数）がある。「感情的知性」とも呼ばれるこのEQを構成しているのは、自己認識、自己統制、モチベーション、共感、社会的スキルなどである。さらにEQをリーダーシップの分野に応用してゴールマンとリチャード・ボヤティスらが高いパフォーマンスを実現するリーダーに特徴的なタイプとして提唱しているのが、「EQリーダーシップ」である。ボヤティスはマクレランドらとともにコンピテンシー開発にかかわった研究者であり、EQリーダーシップにおいても高いパフォーマンスを実現するリーダーシップの要件としてコンピテンシー要件を提示している。

3-2　モチベーション

マクレランドが提唱した達成モチベーション理論では、人間の基本的欲求として、達成欲求（Need for Achievement）、パワー欲求（Need for Power）、親和欲求（Need for Affiliation）という3つの欲求があるとしている。このうち、達成欲求とパワー欲求の2つはリーダーシップに必要な欲求特性といえる。ただしパワー欲求に関しては、メンバーにとって容認できる形で発揮される必要があり、その点で社会的環境に合致したパワー欲求が求められる。

逆に達成モチベーション理論で指摘された親和欲求は、リーダーシップにはあまり効果的ではないようだ。もっとも親和欲求が低いほうがよいといっても、対人関係能力に支障をきたしてはならず、親和欲求の低さが対人関係能力の低さを意味することにはならない。その一方で、人事部長など人を対象とする職務では、親和欲求が高いほうがパフォーマンスに結びつきやすい職種もある。

3-3　パーソナリティ特性

　これまでの研究から、ストレス耐性、エネルギーレベル、精神的成熟度、誠実さ、自信などのパーソナリティ特性は、リーダーシップの有効性と関連があることが指摘されている。また、組織のトップはミドルマネジャーに比べて、高いイニシアティブや意思決定力などのパーソナリティ特性をより強く持つなど、組織階層によってもパーソナリティ特性に違いがあることも発見されている。

4　行動理論

　特性理論の次に登場したのが行動理論である。行動理論は効果的なリーダーシップ行動を特定しようというものだ。ここでは行動理論の代表的研究とされるミシガン研究、オハイオ研究、さらにオハイオ研究に基づくマネジリアルグリッドを紹介する。

4-1　ミシガン研究

　レンシス・リッカートを中心とするミシガン大学の研究グループは、効果的なリーダーシップ行動を特定するために、①生産性、②メンバーの職務満足、③退職・欠勤・苦情の率、④コスト、⑤欠陥率、⑥社員と管理者のモチベーションなど、さまざまな尺度を用いて効果的なリーダーの行動を調査した。その結果、リーダーのとる行動の多くが、生産志向型（Production-oriented）か従業員志向型（Employee-oriented）のいずれかに分類できることが明らかになった。

　生産志向型のリーダーの行動パターンは、仕事のやり方を決め、それを細かい指示によってメンバーに伝え、進捗状況を常にチェックするというものである。一方の従業員志向型のリーダーは、仕事のやり方に関する意思決定を部下に委譲したり、メンバーの欲求を満足させるように職場環境を整えた

り、メンバーの能力開発に注意を払ったりと、メンバーとの関係を重視する行動パターンとなる。

　ミシガン研究では、リーダーはこの生産志向型か従業員志向型かのいずれかの行動をとり、両方を兼ね備えることはないと主張している。さらに、従業員志向型のリーダーのほうが生産志向型のリーダーよりも効果的であると結論づけているのもこの研究の特色である。しかし、従業員志向型リーダーのほうが常に生産的であるとは限らず、この主張はその後の研究においてはあまり支持されていない。

4-2　オハイオ研究

　チャールズ・シャートルを中心としてオハイオ州立大学が行ったリーダーシップ研究は「オハイオ研究」と呼ばれ、その後のリーダーシップ研究に大きな影響を与えた。オハイオ研究ではまず実際にリーダーがとる行動について質問票を用いて詳細に記述し、職場での観察調査やインタビューを行った。その結果、1700を超えるリーダーシップ行動の項目が確認され、それを因子分析したところ、約半数以上が配慮と構造づくりという2つの次元で説明しうることが明らかになった。リーダーシップ行動における配慮と構造づくりについて、以下に説明する。

　「配慮（Consideration）」とは、部下との信頼関係を重視するリーダーシップ行動である。具体的には、部下のアイデアの尊重、感情面への配慮、メンバーの個人的な相談にのるなどがある。さらに部下を意思決定に参画させたり権限移譲したりして、メンバーがこの集団の一員でよかったと思えるような心配りをする。

　「構造づくり（Initiating Structure）」とは、自分と部下の役割を定義し、部下に具体的なタスクを割り当て、手順やスケジュールを設定することで部下の仕事環境を構造化しようとするリーダーシップ行動である。仕事や課題に直結しており、目的を決める、メンバーに仕事を割り当てて分業させる、仕事の進捗のために具体的な指示を与える、といった指示型のリーダーシップ行動といえる。

図表8-2 オハイオ研究におけるリーダーシップ行動

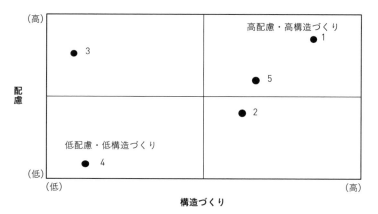

出典：Gibson, J, L., Ivancevich, J, M., Donnely, Jr., F, H. & Konopaske, R. (2012) *Organizations: Behavior, Structure, Processes* (14th ed.), McGraw-Hillをもとに作成

　オハイオ研究とミシガン研究で特定されたリーダーシップ行動を対比すると、配慮はミシガン研究の従業員志向型、構造づくりはミシガン研究の生産志向型ということになる。オハイオ研究ではミシガン研究とは異なり、リーダーは配慮と構造づくりのいずれか一方しか発揮できないのではなく、両方を有することが可能であるとしている。さらに言えば同研究では、リーダーには配慮と構造づくりの両方のタイプの行動が必要だとしている。

　このオハイオ研究に対しては、リーダーシップ行動を配慮と構造づくりという2つの要素に絞るというのはあまりに単純化しすぎであり、組織の複雑な実態にそぐわないという批判もある。しかし、効果的なリーダーシップ行動を詳細に列記すると、逆に煩雑になって日常業務に活用しにくくなり、実践性を失うという面もあるだろう。配慮と構造づくりという2つの要素に絞ったことで、オハイオ研究はその後のリーダーシップ研究に大きな影響を与えたといえる。

　なお、同研究は、高配慮・高構造づくり（**図表8-2**の●1）が最もよいリーダーシップ行動となると主張するが、他の研究では必ずしも高配慮・高構造

第8章 リーダーシップ ・ 175

づくりがよいとは限らないという結果も出ている (**図表8-2**)。構造づくりよりも配慮行動が高い (**図表8-2**の●2) ほうがよい場合もあり、逆に配慮行動よりも構造づくり行動が高い (**図表8-2**の●3) ほうがよい場合もある。つまり、配慮と構造づくりのいずれの側面を相対的に強くすべきかは、状況によって異なるのである。オハイオ研究も含めて行動理論では状況との関係は説明しておらず、この点はオハイオ研究だけでなく、行動理論全般に共通する問題といえる。

4-3　マネジリアルグリッド

「マネジリアルグリッド (Managerial Grid)」とは、ロバート・ブレークとジェーン・ムートンによって提唱された効果的なリーダーシップ行動を特定しようとする試みである。オハイオ研究が指摘した配慮と構造づくりという2つのリーダーシップ行動区分から、マネジリアルグリッドでは効果的なリーダーシップ行動を**図表8-3**のように分類している。横軸が構造づくり行動で縦軸が配慮行動で、この2つの軸からグリッドを作成し、グリッドのどの位置に属するかでリーダーシップ行動の特色を定義している。グリッドとリーダーシップ行動の特色の関係は以下のとおりである。

9.1　**権威と従属のマネジメント**：構造づくりを重視したマネジメントスタイル。メンバーに対する配慮にはほとんど焦点をあてていない。

1.9　**カントリークラブマネジメント**：部下との人間関係を重視して配慮行動に焦点をあてたマネジメントスタイル。構造づくりにはほとんど焦点があてられていない。

1.1　**自由放任型マネジメント**：構造づくりと配慮のいずれもさほど行動に表れず、最低限の仕事ができ、グループが維持できていればよいというマネジメントスタイル。

5.5　**組織人間型マネジメント**：構造づくりと配慮の両方に一定の注意を払い、両者のバランスをとろうとするマネジメントスタイル。だがそのレベルはさほど高くなく、一定のパフォーマンスが確保できていればよいというマネジ

図表8-3 マネジリアルグリッド

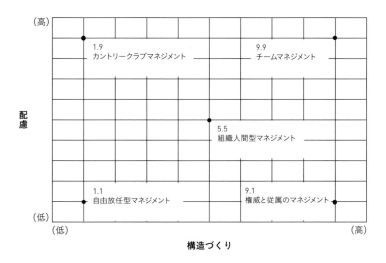

出典：Blake, R. and Mouton, J. (1978) *The New Managerial Grid*, Gulf Publishing Co. をもとに作成

メントスタイル。

9.9　チームマネジメント：構造づくりと配慮の両者とも高いレベルで現れ、目標達成のための効果的なチームマネジメントを実現する。目標達成に対するメンバーのコミットメントやモチベーションが高く、メンバー相互の信頼関係もよく、高いパフォーマンスを実現する。

　マネジリアルグリッドでは以上のリーダーシップ行動の中で、理想的なリーダーシップ行動として、構造づくりと配慮の両方を重視するチームマネジメント（9.9）を提唱している。マネジリアルグリッドは、リーダーシップ行動には成功するワンベストウェイがあるという前提で、その具体的な形としてチームマネジメント型リーダーシップを提案している。だがこれまでの研究結果からは、いかなる状況にも適用しうるワンベストウェイがあるという主張に対する支持は少ない。効果的なリーダーシップ行動は、状況との関係が重要なのである。これは前述のとおり、行動理論全般にあてはまること

である。

5 条件適合理論

　これまで紹介した特性理論と行動理論は、どんな状況にもあてはまる効果的なリーダーシップの特徴を追究しようとしたものだ。この点で、これら2つの理論はいずれも普遍理論とみなすことができる。これに対し、リーダーシップの有効性はリーダーのおかれた状況によって異なるという見方が登場する。「条件適合理論」と呼ばれるこの新しいリーダーシップ研究の方法論に共通するのは、初めにリーダーシップに重大な影響を及ぼすいくつかの状況要因を特定し、その状況要因をもとに状況タイプを分類し、それに応じて効果的なリーダーシップのあり方を追究する手法をとることである。

　経営学には数多くの理論があるが、その理論の分類の仕方も多岐にわたる。その1つが、普遍理論と条件適合理論という分類である。

　「普遍理論」は効果的なマネジメント施策を提示する一方、どのような環境（組織内外の環境）でそれらの施策を行うと効果的かという環境の特定は行わない。経営学はもともとこの普遍理論からスタートしている。一方の「条件適合理論」では、効果的なマネジメント施策は組織内外の環境によって異なるとし、環境を特定し、特定した環境に応じた効果的なマネジメント施策を提示するものである。これは1960年代以降に普及してきた理論である。

5-1　フィドラー理論

　リーダーシップ分野で条件適合理論を最初に体系化した研究とされるのが、フレッド・フィドラーのリーダーシップ理論である。フィドラー理論では、状況要因として、①リーダーとメンバーの関係（リーダーとメンバーとの関係の良好度合い）、②タスク構造化の度合い（職務内容が明確化されている度合い）、③リーダーの地位パワー（リーダーが公式に有している権限の度合い）の3つが挙げられている。

図表8−4 フィドラーのリーダーシップモデルが想定する8つの状況

1）状況要因の特定
2）3つの状況要因の特性に応じて、以下の8つの状況を特定

リーダー・メンバー関係	良い	良い	良い	良い	悪い	悪い	悪い	悪い
タスク構造化度合い	構造化	構造化	非構造化	非構造化	構造化	構造化	非構造化	非構造化
リーダーの地位パワー	強い	弱い	強い	弱い	強い	弱い	強い	弱い

出典：Fiedler, F. E. (1993) "The Leadership Situation and the Black Box in Contingency Theories" in M. M. Chemers and R. Ayman (eds.) *Leadership Theory and Research: Perspectives and Directions,* Academic Press などをもとに作成

　この3つの状況要因については、①は関係がよいか悪いか、②は構造化されているかいないか、③は地位パワーが強いか弱いかというそれぞれの状況が想定される。具体的に想定される状況を**図表8−4**に示すが、ここで示される8つの状況に応じた効果的なリーダーシップスタイルを特定しようというのが、フィドラーのリーダーシップモデルである。

　次のステップがリーダーシップスタイルの特定である。リーダーシップスタイルを測定する際にフィドラーが用いたのが「LPC（Least Preferred Co-worker）」という尺度である。これは「最も好ましくない同僚」という意味で、これまで一緒に仕事をしたことがある人のなかから、最も一緒に働きたくない人を思い浮かべ、その人物について「友好的／非友好的」「開放的／防御的」などの対語からなる16の質問項目に回答していくという調査方法である。ここで重要なのは、リーダーシップスタイルの測定対象となるのは、回答者が想定した最も好ましくない同僚ではなく、LPC尺度の質問に答える回答者自身であることだ。人が他者に対して述べる内容は、対象となる他者よりも回答者自身の考え方を反映していることが多いという前提にたち、回答者自身のリーダーシップスタイルを特定しようというのが、このLPC尺度の考え方である。

　LPCの質問項目に寛大な回答を示した人はLPC得点が高くなり（高LPC）、高LPCのリーダーは人間関係重視型で、オハイオ研究でいうところの配慮

図表8-5 フィドラーのリーダーシップモデルが想定する状況に応じたリーダーシップ

リーダー・メンバー関係	良い	良い	良い	良い	悪い	悪い	悪い	悪い
タスク構造化度合い	構造化	構造化	非構造化	非構造化	構造化	構造化	非構造化	非構造化
リーダーの地位パワー	強い	弱い	強い	弱い	強い	弱い	強い	弱い

出典：Fiedler, F, E. (1993) "The Leadership Situation and the Black Box in Contingency Theories" in M. M. Chemers and R. Ayman (eds.) *Leadership Theory and Research: Perspectives and Directions*, Academic Pressなどをもとに作成

を重視するタイプのリーダーである。一方、LPCの質問に対して厳しい回答を示した人はLPC得点が低くなり（低LPC）、低LPCのリーダーは職務達成重視型で、オハイオ研究でいうところの構造づくりを重視するタイプのリーダーである。

　以上のようにリーダーシップスタイルを2つに分類したところで、次にリーダーシップスタイルと状況要因との関係を特定する。フィドラーが示した結果によると、高LPCリーダーは3つの状況要因の中で、いずれかの要因がよくて、いずれかの要因が悪いという中間的な状況で効果的なリーダーシップを発揮した。一方、低LPCリーダーは3つの状況要因のすべてがよいという最も望ましい状況、あるいはすべてが悪いという最も望ましくない状況で効果的なリーダーシップを発揮した（**図表8-5**）。

　このように、高LPCの人もいれば低LPCの人もいることから、人によってある程度リーダーシップスタイルは決まっていることがわかる。つまり1人のリーダーが状況に応じてさまざまなリーダーシップ行動を使い分けることは難しいというのが、フィドラーの主張である。フィドラー理論においては、状況に適したリーダーを配置することが重要となる。

図表8-6 フィドラー以外の多くの結果

リーダー・メンバー関係	良い	良い	良い	良い	悪い	悪い	悪い	悪い
タスク構造化度合い	構造化	構造化	非構造化	非構造化	構造化	構造化	非構造化	非構造化
リーダーの地位パワー	強い	弱い	強い	弱い	強い	弱い	強い	弱い

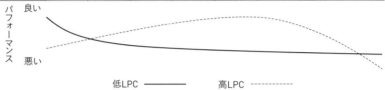

低LPC ——— 　　高LPC ---------

出典：Vecchio, R, P. (1995) *Organizational Behavior* (3rd ed.), Dryden Press などをもとに作成

　以上がフィドラーの主張であるが、その後の研究ではフィドラーの主張を裏づける研究結果はあまり出ておらず、**図表8-6**で示したような形をとる。実際に状況に適したリーダーシップスタイルは、フィドラーの主張とは異なるようだ。

5-2　パス・ゴール理論

　次に紹介する理論はロバート・ハウスによって提唱された「パス・ゴール理論」である。この理論の特色は、リーダーの役割をメンバーの目標達成を助けることに見出している点にある。リーダーの役割は、メンバーの目標(ゴール)への道筋(パス)を明確に示すことであるという主張から、この理論は「パス・ゴール」と命名されている。

　パス・ゴール理論では、メンバーの目標達成のための道筋として、モチベーションの期待理論を応用している。期待理論では、人はパフォーマンス達成の可能性が高いと感じ、さらにパフォーマンスを達成したことで自分の望むリワード(報酬)が得られる可能性が高いと感じたときに、モチベーションを向上させるものと捉える。パス・ゴール理論では、この期待理論で示さ

図表8-7 パス・ゴール・モデル

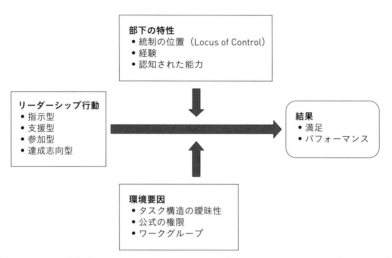

出典：Robbins, S, P. (2005) *Essentials of Organizational Behavior* (8th ed.), Prentice-Hall（髙木晴夫訳『組織行動のマネジメント』2009，ダイヤモンド社）などをもとに作成

れるモチベーションプロセスを実現するのがリーダーの役割であると考える。つまりパス・ゴール理論においては、メンバーにパフォーマンス達成の可能性が高いと感じさせ、さらにパフォーマンス達成によって望ましいリワードが得られる可能性が高いと感じさせるのがリーダーの役割なのである。

以上のように、リーダーの役割を特定したところで状況に応じたリーダーシップスタイルの特定という条件適合理論のアプローチに入っていく。まず状況要因の特定について、パス・ゴール理論においては、環境要因と部下の特性の2つのタイプに大別され、この2つの状況要因のなかでいくつかの具体的要因が設定されている。環境要因で設定されているのが、タスク構造の曖昧性、リーダーが有する公式権限の度合い、ワークグループの特性であり、部下の特性で設定されているのは、統制の位置（Locus of Control）、経験、認知された能力である（**図表8-7**）。

次にリーダーシップスタイルの特定である。パス・ゴール理論では以下の4つのリーダーシップスタイルを設定している。

① 指示型リーダーシップ（Directive Leadership）：部下のタスク内容を明確化したうえで、仕事のやり方やスケジュールを示し、仕事の進め方を具体的に指示していく。
② 支援型リーダーシップ（Supportive Leadership）：部下の個別の状況やニーズを聞き、それに対応するかたちで仕事の進め方を決定していく。
③ 参加型リーダーシップ（Participative Leadership）：意思決定に部下を参画させ、その意見を反映させながら仕事を進めていく。
④ 達成志向型リーダーシップ（Achievement-oriented Leadership）：困難な目標を設定し、部下に対してその達成を求めていく。

最後に、状況要因に対応したリーダーシップスタイルについて説明する。パス・ゴール理論では先に紹介した複数の状況要因が指摘されているが、はじめに環境要因で挙げられているタスク構造の曖昧性（Task Ambiguity）について詳しく紹介したあと、それ以外の状況要因に適したリーダーシップスタイルについて簡単に紹介する。タスク構造の曖昧性とは、タスク内容が決まっていない度合いである。タスク構造の曖昧性の高い仕事とは、企画や研究開発などタスク内容が決まっていない非定型的な仕事である。

タスク構造の曖昧性と適したリーダーシップスタイルの関係については、以下のとおりである。

◆ **タスク構造の曖昧性が高い場合**
各メンバーへの役割の割り当てや手順指示などによって曖昧性が低減され、メンバーの目的達成に対する期待が高まるため、リーダーの構造づくり行動が部下のモチベーションを高める鍵となる。タスク構造の曖昧性が高い仕事は、新しい分野へのチャレンジや研究開発など知識ベースの仕事が多いため、リーダーが特に配慮行動をとらなくても仕事そのものからメンバーは内的モチベーションを得ることが多い。この場合、指示型リーダーシップが最も効果的であり、同様に、達成指向型リーダーシップも高い目標へのチャレンジ意欲を喚起することから効果が期待できる。

◆ タスク構造の曖昧性が低い場合

　メンバーは何をどのようにすべきかについてすでに知っているため、特に構造づくり行動をしなくてもメンバーの目的達成に対する期待感は高い。このような状況で構造づくり行動をとると部下の不満が生じやすく、配慮行動が効果的となる。タスク構造の曖昧性が低い仕事はルーティンタイプが多いため、メンバーの仕事に対する内的モチベーションは低くなりやすい。この点でも、メンバーのアイデアを尊重したり、メンバーの感情に配慮するというようなリーダーの配慮行動が、退屈なタスクを多少なりとも魅力的にし、モチベーションの向上にも効果的なものとなる。この場合、支援型リーダーシップが最も効果的であり、参加型リーダーシップも有効である。

　タスク曖昧性以外の状況要因とリーダーシップスタイルについては、以下のとおりである。

- 当該タスクに対する能力が高いと感じているメンバーには、指示型リーダーシップは不必要あるいはくどいと感じられるため、適さない。
- 内的統制型メンバー（自分の運命は自分でコントロールしていると考える人）には参加型リーダーシップが適し、外的統制型メンバー（自分の運命は外部の状況にコントロールされていると考える人）には指示型リーダーシップが適している。
- 公式の権限が強いリーダーの場合は、指示型リーダーシップではなく、支援型リーダーシップが効果的である。
- グループ内にコンフリクトが生じている場合には、指示型リーダーシップが効果を発揮しやすい。

　パス・ゴール理論の特色は以下の2点である。
　1つは、パス・ゴール理論においては、状況に応じて1人のリーダーがリーダーシップスタイルを変えることができるとする点である。これはフィドラー理論と異なる点であり、適したリーダーを配置することより、各リーダーがいかに状況に適応し、リーダーシップ行動を変えていくかが重視される。

もう1つは、パフォーマンス目標の達成において、リーダーは何らかのリワードをメンバーに提供する必要があるとしている点だ。パス・ゴール理論では、期待理論に基づき、メンバーがパフォーマンス達成の可能性が高いと感じ、パフォーマンスを達成することで自分の望むリワードが得られると期待してモチベーションを向上させることがリーダーの役割であると考える。このため、メンバーの望むリワードを提供することがリーダーの必要条件となり、リーダーの役割はメンバーのパフォーマンス達成とリワードを交換することにある。このようなリーダーシップスタイルを「交換型リーダーシップ（Transactional Leadership）」という。

　次節で紹介する変革型リーダーシップ（Transformational Leadership）と対照的なリーダーシップスタイルといえるのが、この交換型リーダーシップである。交換型リーダーシップが効果を発揮しやすいのは、ある程度安定した環境である。環境が激変したり変革のためのリーダーシップが求められる場面には、このリーダーシップはあまり適していない。環境が激変するときには明確な目標設定は難しく、達成してもリワード提供の約束は難しいためだ。変革型リーダーシップに比べると、一見実現しやすい印象を受けるが、実際に、達成目標やそれに対応するリワードを特定し、提供するのは容易ではない。実行するとなると交換型リーダーシップは非常に難しく、これまでの研究からは、多くのマネジャーが実行できていないという結果が報告されている。

　パス・ゴール理論の主張は概ね支持を得ているが、まったく問題がないわけではない。たとえば、タスク構造の曖昧性が低い場合において支援型リーダーシップが適していることは多くの研究で支持されているが、逆にタスク構造の曖昧性が高い場合には、指示型リーダーシップが適しているとは言えないとする研究結果もある。パス・ゴール理論が想定する状況要因は数多く、そのすべての状況要因に関して広範な研究が行われたとは言い難い。パス・ゴール理論の主張を検証するには、今後さらなる研究が必要である。

5-3　状況対応リーダーシップ

　ポール・ハーシーとケン・ブランチャードは、部下の仕事に対する「レ

ディネス（Readiness）」を状況要因として、適したリーダーシップ行動を特定した。レディネスを構成するのは、能力と意欲である。能力とは特定課題（作業・活動など）の遂行に関して、その課題の遂行者がもつ知識や経験、スキルであり、意欲とは特定課題の遂行に関して、その課題の遂行者がもつ自信や熱意、動機の強さである。ハーシーとブランチャードはこの能力と意欲の度合いを、S1（Situation1）からS4（Situation4）までの4つの段階に分け（レディネスは大きく4段階に分けられるが、その度合いは連続的なものである）、各段階に対応したリーダーシップスタイルが必要であるとしてS1=Telling（教示型）、S2=Selling（説得型）、S3=Participating（参加型）、S4=Delegating（委任型）というリーダーシップスタイルを提案している（**図表8-8**）。

これら4つのリーダーシップを決定するのは、指示と関係という2つの軸である。「指示」は、仕事中心のリーダーシップスタイルであり、オハイオ研究の「構造づくり行動」に相当する。「関係」は、部下のアイデアや意見を尊重する、部下の個人的状況に配慮するといったリーダーシップスタイルであり、オハイオ研究の「配慮行動」に相当する。ハーシーとブランチャードによれば、Telling＝教示型、Selling＝説得型、Participating＝参加型、Delegating＝委任型が、各状況に適したリーダーシップスタイルとなる。

レディネスに対するハーシーとブランチャードの主張は、特定課題の達成に対する部下の能力と意欲の程度であり、個人のパーソナリティなど、ものごとに対する全般的な傾向を指すものではない、というものだ。たとえば、飲料メーカー勤務のある営業担当者の場合、酒店に対するセールスには長けているが、マーケティング戦略の立案に関してはスキルも自信もない、という具合である。

「状況対応リーダーシップ」は実践的で応用しやすい理論として、実務家の間で人気の高い理論である。だが、これまで研究ではいくつかの問題点も指摘されている。たとえば、レディネスは特定の課題に限定された能力であり、パーソナリティなど個人の全般的傾向を指すものではないと主張されているが、これまでの研究からは、経験や知識が豊富でも自信がなく不安を示す人もおり、仕事が達成できるという意欲や確信は、実際にはパーソナリティとの関連性が高いのではないかという指摘である。

図表8-8 状況対応リーダーシップが提案するリーダーシップスタイル

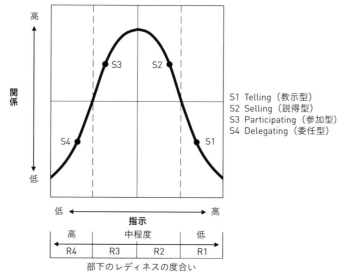

出典：Vecchio, R, P. (1995) *Organizational Behavior* (3rd ed.), Dryden Press などをもとに作成

5-4　リーダー・メンバー交換理論

　ジョージ・グレンらが提唱した「リーダー・メンバー交換理論」によれば、求められるリーダーシップ行動はメンバーとの関係によって違ってくる。メンバーの中にはリーダーと親密な関係をもつ人もいれば、リーダーと疎遠な人もいる。組織で働いた経験のある人であれば、実感としてこの主張に納得する人も多いのではないだろうか。実際、その後の研究においてもリーダー・メンバー交換理論の主張を支持するものが多い。

　リーダー・メンバー交換理論では、リーダーと親密な関係をもつグループを「イングループ」と呼び、イングループのメンバーはリーダーの意思決定にかかわることが多く、他のメンバーより大きな仕事の範囲や責任を与えられる傾向があるとしている。イングループのメンバーの職務満足度は高くなりやすく、それに比例して、組織コミットメントやパフォーマンスレベルも

図表8-9 リーダーとイングループ／アウトグループとの関係

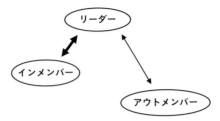

出典：Vecchio, R, P. (1995) *Organizational Behavior* (3rd ed.), Dryden Press などをもとに作成

高まる。そのため、イングループのメンバーとリーダーとの関係はますます親密化してよいサイクルを生み出し、メンバーの退職率も当然低い。

一方、リーダーとの関係が疎遠なグループは「アウトグループ」と呼ばれ、リーダーの意思決定に参画することは少なく、仕事の範囲や責任も狭くなる傾向がある。その結果、アウトグループのメンバーの職務満足度は低く、組織コミットメントやパフォーマンスレベルも低くなり、退職率は高くなる傾向がある。

イングループのメンバーのほうがアウトグループのメンバーより職務満足度や組織コミットメント、パフォーマンスが高く、離職率は低いというリーダー・メンバー交換理論の主張は、その後の研究においても概ね支持されている。

そこで問題となるのは、なぜアウトグループが発生するかという点だ。組織もリーダーも、組織パフォーマンスの向上を目指していて全員がイングループとなることが望ましいにもかかわらず、実際にはアウトグループが発生してしまうのはなぜなのか。これはつまり、リーダー自身がパフォーマンス向上を阻害する行動をとっていることになる。

イングループとアウトグループが生じる原因については多数の研究が行われている。そこから明らかになったのは、リーダーとイングループのメンバーは、イングループとアウトグループのメンバーを分けるのは仕事に対する能力であると考えるが、アウトグループメンバーはリーダーの個人的な好みが影響していると考える傾向があることだった。残念ながら、イングルー

> **用語解説**
>
> **経営学における2つの立場**
>
> 経営学・マネジメント論には規範型理論（分析型・処方箋型などとも呼ぶ）と描写型理論（記述型・プロセス型などとも呼ぶ）という2つの立場がある。
>
> - **規範型理論**：こうすればうまくいくという効果的なマネジメント施策や経営戦略のための方法論、分析のための処方箋を示すタイプの理論。経営学はこの規範型からスタートした。経営戦略論では、ポーターの5 forces分析、基本戦略（Generic Strategy）、SWOT分析、経験曲線、プロダクトポートフォリオなど、数多くの戦略ツールと呼ばれる手法がこの規範型に分類される。
> - **描写型理論**：組織において実際にマネジメント施策や経営戦略がどのように形成・実践されているかに焦点をあてた理論。企業が行う戦略・施策は効果的なものばかりではなく、失敗してしまうものもある。これらも含め、現実の戦略・施策の形成・実行プロセスに焦点をあてており、代表的な理論としては、経営戦略分野においてミンツバーグらが提唱した創発戦略（Emergent Strategy）などがある。

プとアウトグループを分けるメカニズムはいまだ解明されていないが、1つ言えることは、初期段階でリーダーがメンバーの能力に対して行う評価が影響力をもつということである。おそらくリーダーの個人的好みとメンバーに対する能力の評価の両方が影響していると予測されるが、この2つの要因においては、能力の評価のほうが影響力が強いと思われる。しかし、この能力評価はリーダーの主観的な評価であるため、客観的に見たときに必ずしもイングループメンバーのほうがアウトグループメンバーより能力的に勝っているとは言えない。

　リーダーとメンバーの関係の解明には、今後もさらなる研究が求められることは容易に想像がつく。リーダー・メンバー交換理論に関する研究が継続的に行われているのはそのためである。リーダー・メンバー交換理論はその

意味で、リーダーシップ研究に新たな領域を提供した研究といえる。また、アウトグループのメンバーが感じる不当性や不公平感という点で見ると、このリーダー・メンバー交換理論は、モチベーションの公平理論にも相通じる理論であると捉えることもできる。

6 変革重視のリーダーシップ理論

次に、1970年代半ばから1980年代にかけて登場してきた変革重視型のリーダーシップ理論を紹介する。

6-1　カリスマティック・リーダーシップ

まず紹介するのが、「カリスマティック・リーダーシップ」である。カリスマ（Charisma）とはギリシャ語で「ギフト」を意味する言葉であり、この言葉が示すように理論的に十分に説明することはできないが、メンバーに尋常でない影響を及ぼすことができる個人的特性をもったリーダーを「カリスマティック・リーダー」と呼ぶ。

このカリスマティック・リーダーシップは政治家や歴史上のリーダー、企業トップを対象とした研究から生まれたものである。歴史をひもとけば、社会を変えるような大きな変革を生み出したリーダーが数多く存在する。大きな変革を成し遂げたリーダーの中には、メンバーにとってカリスマ的存在となり、メンバーたちがそのリーダーを絶対的存在として受け入れ、異議を唱えることなく従うという状況を生み出す存在がいた。そこでリーダーシップ研究においてもカリスマ的リーダーがもつ特性を特定しようという動きが出てきたのである。

「カリスマ」つまり、神からのギフトという言葉が示すように、カリスマティック・リーダーの条件として挙げられるのは、強い自信と明確なビジョン、自らが示したビジョンに対する強い確信、並外れた行動力、変革の旗印としてのイメージなどである。これに対しては、具体的内容に乏しいという

図表8-10 カリスマティック・リーダーとノンカリスマティック・リーダーとの対比

要素	カリスマティック・リーダー	ノンカリスマティック・リーダー
現状との関係	基本的に現状を否定し、変化を求める	基本的に現状を肯定し、維持しようとする
将来の目標	現状とは異なる理想的なビジョン	現状とは大きな相違のない目標
好感度	共通の視点と理想化したビジョンによる	共通の視点による
環境に対する感受性	現状を変革するために環境に対する高い感受性をもつ	現状を維持するためには環境に対して高い感受性は要求されない
明確性	将来のビジョンを明確に示し、達成をリードすることをモチベーションとする	将来ビジョンの明確化とその達成に関する役割は弱い
パワーの源泉	専門性、尊敬、ヒーローとしての賞賛に基づく個人的なパワー	ポジションのパワーと個人的なパワー
フォロワーとの関係	フォロワーを変化の支持者に変える	目標を共有するようにフォロワーを説得・命令する

出典：Conger, J, A. & Kanungo, R, N. (1987) "Toward a Behavioral Theory of Charismatic Leadership in Organizational Settings", *Academy of Management Review*, 12, 4をもとに作成

批判もあり、カリスマティック・リーダーシップには解明されていない点も多く、今後の研究が待たれている。ジェイ・コンガーとラビンドラ・カヌンゴ が示したカリスマティック・リーダーとノンカリスマティック・リーダーとの対比を**図表8-10**に紹介する。

　カリスマティック・リーダーシップで注意が必要なのは、メンバーがリーダーを無条件に受け入れてしまい異議を唱えなくなるなど、影響力が悪い方向に働く可能性もあることだ。カリスマが常によいわけではなく、カリスマ性が悪用されてメンバーにとんでもない結果をもたらす危険もあることを忘れてはならない。歴史的にみても、ヒットラーのような独裁者に民衆が従い、悲劇的結末を迎えた例は少なくない。

　企業経営者においても、高いカリスマ性でもてはやされたリーダーが、必ずしも組織にとって最善の行動をとるとは限らない。カリスマティック・リーダーの中には自らの権力を利用して、自分の個人的利益を求めようとするリーダーがいることもまた事実である。

6-2　変革型リーダーシップ

　次に紹介するのが「変革型リーダーシップ (Transformational Leadership)」である。変革を実現するリーダーシップを追究するという点ではカリスマティック・リーダーシップと一致するが、相違点もいくつか見受けられる。その1つが、交換型リーダーシップ (Transactional Leadership) との対比で語られるという点だ。交換型リーダーシップと変革型リーダーシップのそれぞれの特色を、以下に紹介する。

◆ 交換型リーダーシップ

　リーダーの役割はメンバーが何をしたいか、メンバーはどういうリワードを望んでいるかを特定し、メンバーが望むリワードを与えられるように目標達成を手助けすることにある。この場合のリワードはおもに賃金や昇進、ステータスの向上といった外的リワードである。

　リーダーはメンバーが外的リワードを得るために必要な目標を特定し、この目標達成に向けてメンバーをリードしていくことが求められる。この行動はメンバーにとっては目標達成を条件に外的リワードを得ることであり、リーダーからみると外的リワードを受け取るのと引き換えにメンバーが達成すべき目標を特定し、それを実行させることである。つまり、リーダーとメンバーは、リワードと目標達成を交換する (Transact) のである。それが「交換型リーダーシップ」と呼ばれるゆえんである。

　交換型リーダーシップが効果的なのは、目標がある程度決まっている場合である。特定の目標を達成するために、実践的な理由 (外的リワード) をメンバーに提示し、目標を達成するのが交換型リーダーシップの役割である。加えて目標達成に応じて外的リワードを提供できることが、交換型リーダーシップの条件となる。つまり、目標達成とともに提供できるリワードの資源も見込める状況が前提となるが、そのためにはある程度、安定した環境が必要となる。

　交換型リーダーシップ理論で有名なのは、目標達成とリワードとの関係を

特定し、メンバーのモチベーション向上を実現するという「パス・ゴール理論」である。パス・ゴール理論が成り立つ条件として必要なのは、外的リワードの提供が見込める程度の安定した環境である。だが、実際に達成目標を特定し、さらに達成目標に対応したリワードを特定し、それを提供することは難しく、前述のとおり、交換型リーダーシップの実行は非常に難しいことなのである。

◆変革型リーダーシップ

　リーダーシップの目的は、メンバーが当初考えた以上の成果を達成するようにメンバーを鼓舞し、モチベーションを高めることにある。「変革型リーダーシップ」においては、メンバーの目標達成に対するリワードは達成感ややりがいといった内的リワードとなるため、外的リワードとは異なり、リーダーとメンバーは目標達成に対して具体的に何かを交換するわけではない。メンバーは目標達成自体に喜びを感じ、モチベーションを向上させるのである。

　変革型リーダーシップが求められるのは、すでに目標が決まっている場合ではなく、目標自体を見出して達成する場合である。リーダーには将来の方向性や変革のビジョンを明確にし、具体的目標の明確化と達成のためにメンバーを鼓舞していくことが求められる。これを実現できるのが変革型リーダーシップである。

　バーナード・バスは、変革型リーダーダーシップの条件として、以下の要素を挙げている。

- 価値や尊厳、自尊心などをメンバーに教え、明確なビジョンを設定する。
- メンバーに個人的な関心を払う。たとえばメンバーの個人的ニーズに注意を払い、メンバーが成長を感じられる意味のある仕事をさせる。
- メンバーに知的な刺激を与え、創造性を刺激する。
- 決められた（あるいは適切な）時間とコストで目的が達成されなかった場合を例外と考え、例外を除いてメンバーに責任と権限委譲を行い、

個々の手法やプロセスについて細かく指示しない。

　ここまで、カリスマティック・リーダーシップと変革型リーダーシップという2つの変革重視のリーダーシップ理論をみてきたが、両者には共通の問題がある。それは、これらのリーダーシップを有しているかどうかを立証するのが難しいという点である。
　たしかにカリスマ性を感じるリーダーがいることは事実であり、変革を成し遂げたリーダーには他のリーダーにはない傑出した行動や能力、魅力がみられるが、彼らが有する行動や能力を具体的に特定することは実は容易ではない。リーダーがもつ魅力はメンバー側が感じるものであり、評価は個々のメンバーの主観によるという問題もある。環境変化の激しい現代には、変革を実現するリーダーシップはきわめて重要だが、その姿を具体的に示すことは難しいのである。

第 **9** 章

組織文化・組織変革

1 組織文化とは何か

　組織文化とは不思議なものである。卒業後、初めて企業に入社したときにさまざまなことを新鮮に感じたり、逆に違和感を覚えた経験をもつ人は多いだろう。しかし組織に長くいるにつれて、最初は違和感を覚えたことが次第に当たり前になっていく。たとえば、大学時代の同級生に久々に会うと、就職した産業や企業によって外見や行動、思考スタイルが変わってしまったと感じるのはよくあることだ。このように、所属する組織は組織構成員のものの考え方や行動に影響を与える。各組織には特有の何かが存在するのだ。それを具体的に特定することは難しいが、しばしば「組織文化」と呼ばれてその内容が追究されてきた。

　組織文化が注目されるきっかけとなったのは、1982年にアメリカで出版された2冊の本である。1つは、トム・ピーターズとロバート・ウォーターマンの『エクセレント・カンパニー』であり、もう1つがテレンス・ディールとアラン・ケネディの『シンボリック・マネジャー』である。

　これらの本が出版される以前の (おもにアメリカの) 経営学においては、組織内部に関しては主として組織構造に注目し、外部環境要因に関しては文化

などのソフトな側面ではなく、技術革新の度合いや市場での競争状態などに焦点をあてていた。

やがて1970年代には、国際経済におけるアメリカの競争力が低下し、それに代わって日本企業が台頭しはじめる。こうした状況を受け、1970〜80年代には日本的経営に注目が集まり、1979年には日本の政治・経済体制の強さを指摘したエズラ・ヴォーゲルの『ジャパン・アズ・ナンバーワン』、続いて1981年にはウィリアム・オオウチの『セオリーZ』などの日本に関する著書が次々と出版された。

このように、日本企業や日本的経営に注目が集まると同時に、企業競争力の源泉としての組織文化が注目されることになった。それまでの経営学における分析の主流であった組織構造や技術革新、市場競争などによって日本企業の強さを十分に説明できなかったことが1つの要因として挙げられる。そうしたなか、企業競争力の源泉としての日本の組織文化に注目したこの2冊が出版され、大反響を巻き起こしたのであった。

『エクセレント・カンパニー』では財務的に成功を収めている43社の企業にインタビューを行った結果、こうした企業には、社員に共通する価値観、つまり強い組織文化が存在することが発見された。『シンボリック・マネジャー』も同様に高い業績を上げている企業を調査し、強い組織文化をもつ企業が高いパフォーマンスを実現すると指摘した。その後、これまで経営資源として挙げられていた人、モノ、カネ、情報に加え、第5の経営資源として、組織文化が挙げられるようになったのである。

では、組織文化とは何か。組織文化ブームを巻き起こした先の2冊にみる定義は以下のとおりである[8]。

『エクセレント・カンパニー』：組織構成員が有する共通の価値観

『シンボリック・マネジャー』：どのように行動すべきかを示す非公式な決まりの体系

---

8) かつては「組織文化 (Organization Culture)」という言葉が一般的に使われてきたが、この2冊で「企業文化 (Corporate Culture)」という言葉が用いられた。現在では組織文化と企業文化を同じ意味で用いることも多いため、ここでの企業文化に対する2つの定義を組織文化の定義として紹介する。

この2つの定義が示すように、組織には特有の価値観や規範が存在し、組織構成員はその影響のもとで、どのように行動すべきかに関する共通の価値観を持つようになる。この行動規範の集合体が「組織文化」である。

2 　強い組織文化を作り出す要素

　『エクセレント・カンパニー』と『シンボリック・マネジャー』では、強い組織文化が競争力となると指摘しているが、組織文化により強く焦点をあてたのが、『シンボリック・マネジャー』であった。以下に強い組織文化を作り出す源泉について、同書が指摘する4つの源泉を紹介する。

① 　理念（Inner Values）：組織文化の根底をなすもの。企業を成功させる哲学の真髄として、理念は社員全員が共通の目的で結ばれているという意識と日々の行動の基準をもたらす。
② 　英雄（Heroes）：企業理念を体現して組織の力を示す人。社員があの人のようになりたいと思う、強い組織文化の中心人物。創業者・経営者がこれを具現化することが期待されるが、常にそうであるとは限らない。企業を管理する人ではなく企業を創造する人、ビジョンを創造し企業の行動についてビジョンに適しているかどうかを判断する人。
③ 　儀礼と儀式（Rites and Rituals）：企業内の行動原理を具体的に表したもの。どのように行動すべきか、許容できる行動基準を明確に示す。英雄たちは職場のすべての儀礼を効果的に演出している（採用や解雇、報酬の与え方、会議形式、文書スタイル、話し方など）。戦略策定や予算編成などの正式な手続きが重要であると同時に、その周辺にある日常の文化的側面によって、企業行動原理を具体的に社員に示し、浸透させていく。
④ 　伝達（Communication）：企業における非公式な人間関係によって運ばれる情報。これが組織文化のネットワークであり、正式な情報伝達以上に非公式な情報伝達によって、社員は自分たちの組織における意思決定や動向の本

図表9-1 強い組織文化が強い企業を作り出すという基本的なストーリー

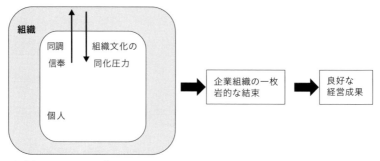

出典：佐藤郁哉・山田真茂留『制度と文化：組織を動かす見えない力』(2004, 日本経済新聞社) をもとに作成

当の意味をつかんでいく。たとえば、副社長が退職した理由は社長からの正式発表では他の事業に専念するためであったが、正式発表の半日後に、この副社長は3年連続して売上ノルマを達成できなかったという事実が非公式に伝えられるといったことである。

以上、1980年代に注目を集めた組織文化論について紹介したが、これらの主張は、強い文化が強い企業を作り出すというシンプルな考え方に基づいていた (**図表9-1**)。だがその後、『エクセレント・カンパニー』と『シンボリック・マネジャー』で紹介された競争力を生み出す組織文化をもつ企業のなかに業績が悪化する企業が現れ、これらの主張に対する批判も出てくる。

3 組織文化の3つのレベル

エドガー・シャインは、組織文化をより複雑なものとして捉えた。シャインによれば、組織文化は以下の3つのレベルからなる階層構造をとる。

▶ レベル1――人工物（表層レベル）

組織文化が最もよく現れるのは組織によって作り出された物理的・社会的環境である。ここには、組織が有するオフィスやビルなどの物理的空間、組

織構成員によって書かれる文書、話される言語、行動パターン、ドレスコード、社内でのさまざまな儀式・イベントなどが含まれる。このレベルは目や耳で観察することができ、最も外部に表出した組織文化といえる。組織内部にいる人たちは、必ずしも自分たちの行動特性に気づいているとは限らないため、組織構成員が自分たちの特性について十分に説明することはできないが、自ら観察することは可能である。

▶ レベル2──**価値（中間レベル）**

組織の構成員たちが共有する、私たちはどうあるべきか、どのように行動すべきかに関する価値観。あるグループが新しい任務や問題に直面した際、どのように対応すべきかに対する回答は、グループに共有されている価値観に基づいて決定される。

では、グループにおける価値観はどのようにして共有されるのか。シャインによれば、グループメンバー（組織構成員）が、創立者や経営者などのリーダーが有する確信・信念を共有することで、意思決定や行動を起こす際に、次第にリーダーの信念に基づいた選択をするようになるという。これが組織構成員に共有された価値観となる。

当初、グループメンバーは意思決定に対してリーダーと共通の信念をもっていなくても、リーダーの信念に基づいて行った意思決定や戦略が成功する経験を通じて、次第にリーダーの信念を共有していくようになる。たとえば、売上が低迷している未成熟なビジネスで、リーダーが、広告宣伝は常に売上を伸ばすという自身の信念に基づき、「広告費を増やす」と提案したとする。グループメンバーはこの信念を共有していないので、リーダーの提案に疑問を呈したり反対したりする。だがリーダーの提案が成功し、成功体験が連続していけば、グループメンバーは成功に対する認識をリーダーと共有するようになり、さらに共通の信念や価値観を有するようになる。

このようにメンバーの認識が変化すると（リーダーによって提案された戦略が成功を続けることで、メンバーがリーダーの信念を次第に正しいと認識するようになると）、最初はリーダーの信念に確信が持てなかったメンバーにもその信念が共有されていく。そしてついに、無意識のうちにリーダーの価値観を自分の

図表9-2 組織文化のレベル

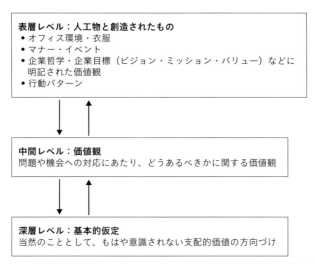

出典：Schein, E,H.（1985）*Organizational Culture and Leadership*, Jossey-Bass（清水紀彦・浜田幸雄訳『組織文化とリーダーシップ：リーダーは文化をどう変革するか』1989，ダイヤモンド社）をもとに修正

価値観として共有していくこととなる。上記の例の場合、広告宣伝費の増加が一貫して売上増加という結果をもたらすと、メンバーは自分たちのリーダーは間違っていないと思い、価値観を共有し、これがいつしか無意識の信念となっていくのである。

これと類似したものに、社会全体に共有された価値観がある。この種の価値観は組織の価値観として意識的に表現されることが多い。たとえば組織の価値表明として「社員を大切にする」を掲げることがよくあるが、このような一般的に受け入れやすい価値観の提示は、上記「レベル1」の人工物においてよくみられるものだ。だがこのような一般的に受け入れられやすい価値観であっても、組織にとって実際の成功経験に基づくものでなければ、組織がこのような価値観に基づき実際に意思決定したり、行動することは少ない。

▶ **レベル3──基本的仮定**

レベル2で示したように、リーダーの示した戦略が成功し続けると、それ

は組織構成員にとって当たり前のこととなる。最初は、リーダーが有した特定の価値観や仮説であったものが、徐々にメンバーの間で自明のこととして受け取られるようになる（先の例では広告宣伝費を増やせば、売上があがるという考えが定着するようになる）。ここでいう「基本的仮定」とは、組織のメンバーにとって当然のこととみなされ、それ以外の行動など想像もつかないような前提や仮定である。たとえば、資本主義国の企業では商品の売上に関心をもつことは当たり前のことである。私たちは所属する組織内で、無意識にこうした基本的仮定に基づいた行動をとる傾向がある（無意識に他の選択肢を失ってしまう）。

　このことは、基本的仮定の異なる人たちが一緒に仕事をするケースを想像してみると、理解しやすいだろう。たとえば、あるマネジャーが上司の意思決定が間違っていたと感じれば、部下はそれを指摘することが当然とする組織文化（基本的仮定）の企業から、上司の言うことに反対すると上司の顔をつぶすと考える組織文化（基本的仮定）の企業に転職したとする。そのマネジャーが部下に自分の考えた戦略を提案すると、部下たちはその戦略が有効ではないと知っていても、上司の戦略が間違っていると指摘すれば上司の顔をつぶすことになると感じるため、沈黙を守る以外の選択肢を部下たちは思いつかない。

　その結果、そのマネジャーの提案どおりの戦略が実行され、失敗してしまったとする。マネジャーは困惑し、部下にあなたたちならどうしたかと尋ねる。もし部下が「自分だったら、あなたが選択したような戦略は取らなかった」と答えたなら、当然マネジャーは、なぜもっとはやく言わなかったのかと聞くだろう。しかし、マネジャーのこの質問に正直に答えることは、部下にとってはマネジャーの顔をつぶすこととなる。つまり当初部下がまさに避けようとした罪――上司の顔をつぶすこと――を犯さずに、部下は自分たちがなぜ何も言わなかったのかを説明できなくなる。そのため、部下は再び嘘をつき、「あなたのしたことは正しかったが、運が悪かったためにうまくいかなかった」と答える。このような事例は、基本的仮定を異にする上司と部下の間では、相手の行動は互いに理解不可能であるという状況を示すものである。

以上、レベル1～3の関係を示したのが**図表9−2**である。

4 組織文化の下位構造

　組織文化とは組織構成員が共有する行動規範であるため、組織内の個人はスキル、知識、経験、興味、パーソナリティなどにおいてみな異なっているが、共通の組織文化の中にいると、類似した価値観や行動規範をもつようになる。

　だが、企業全体として共通の価値観や行動規範という特色を有するといっても、1つの企業内には部門や地理的特性によって特有のサブカルチャーも存在する。営業部門と研究開発部門が異なる組織文化を有する、日本の本社とアメリカの支社では同じ企業であっても組織文化が異なる、などはよく見受けられることである。さらに、多角化した企業では同じ企業内に製造業もあれば金融業もあるなど、異なる産業分野が含まれる場合もあり、このような場合には同じ企業であっても行動規範はかなり異なってくる。

　このように、1つの企業でも組織文化は1つであるとは限らない。それを理解するには、文化にはさまざまなレベルがあり、組織文化もそのなかの1レベルであることを認識する必要がある。たとえば、国ごとの文化があり、産業ごとに特有のビジネス習慣や文化が存在し、経営機能ごとに評価基準や人間関係、タイムスパンなどさまざまな面が異なり、文化も異なるのである。

　また、社会グループの文化が組織文化に影響を与えることもある。たとえば、女性が多い産業や部門では女性的な文化が、男性の多い産業や部門では男性的な文化が主要な文化となる。知識集約型の産業や部門、職場では知識集約型社員の価値観や行動規範が主要となり、比較的ルーティン化された業務が中心の産業や部門、職場ではそれに対応した社員の価値観や行動規範が主要なものとなる。さらに組織には多くの下位構造が存在し、それぞれの下位構造に応じて組織文化も異なってくる。

図表9-3 近年の組織文化論(複雑な組織の実態を考慮した組織文化論)

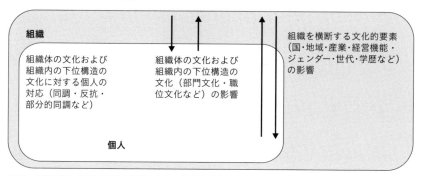

出典:佐藤郁哉・山田真茂留『制度と文化:組織を動かす見えない力』(2004, 日本経済新聞社)をもとに作成

5 近年の組織文化論

　1980年代の組織文化論は、組織の一枚岩的な結束が良好な経営成果を生むという主張を行っていたが、その後、強い組織文化が必ずしも良好な経営成果を生むとは限らないことが明らかになってきた。同時に組織文化の下位構造が示すように、1つの企業にも複数の文化が存在する。この点でも、1980年代の組織文化論はあまりにシンプルだったといえるだろう。

　図表9-3に示したように、企業はさまざまな文化的環境に取り囲まれている。この多様な文化的環境は個別企業に影響を与えると同時に、そのまま企業組織を横断する文化的要素として、社員個人や社員グループにも直接影響を与える。同じ企業に属していてもジェンダーや世代、学歴、経営機能によって属する文化的環境は異なる。

　たとえば、営業部門と研究開発部門では機能が異なるため、それぞれ独特の成果指標や時間軸、人間関係があり、同じ組織でも組織文化が異なってくる。グローバル化した企業であれば、同一企業であっても国によって組織文化は異なるだろうし、多角経営の企業であれば、異なる産業が同一企業内に

存在するため、産業によってものの考え方や価値観といった組織文化は異なるだろう。こうした複雑な組織の実情を考えると、組織文化のマネジメントはより一層難しいものであることがわかる。

6　組織文化の変革への抵抗

　組織文化を考えるうえで最も重要なことの1つに、組織文化の変革がある。組織は、経営環境の変化に対応して変化していかなければならない。なぜなら、それが企業の生き残りのための条件であるからだ。組織文化の変革はどんなに困難であろうと、実行しなくてはならない課題である。ここではまず組織変革に対する抵抗要因を挙げ、組織変革のための方法として、ジョン・コッターが提唱する「組織変革の8段階のプロセス」を紹介し、組織文化の変革のための助言としたい。はじめに変革の抵抗要因について述べる。変革への抵抗には数多くの要因があるが、ここでは意識的抵抗と無意識の抵抗の2つに分けてみていく。

6-1　意識的抵抗

◆ 未知に対する不安

　人は未知のことに対して一般的に不安を感じ、抵抗を示しやすい。どんな内容であっても変化に対しては抵抗が生じることを肝に銘じよう。

◆ 利害対立

　変化によって損をする人が存在する。その際、既得権益を失うことに対する抵抗が発生する。組織変革には損をする人がいて、この人たちは個人として、あるいは利害集団を形成して抵抗することがある。組織変革は長期的には利益をもたらすものであっても、短期的にみると、損をしたり傷つく人が生じるのである。

6-2　無意識の抵抗

◆ 組織の構造的慣性（Structural Inertia）

　組織にはこれが当たり前とされるものの考え方や、行動の仕方がある。シャインが指摘した組織文化の最も深層レベルの基本的仮定がこれにあたる。組織の中で長く親しまれた方法や行動様式、価値観などが自明のこととされてしまうと、それ以外の選択肢が思い浮かばなくなってしまう。

7　組織変革──8段階のプロセス

　以上のように、組織変革にはさまざまな抵抗があり、困難がつきまとう。実際に組織変革を進めるにはどのようなプロセスが必要になるのだろうか。ここではリーダーシップ論と企業変革力に基づき、コッターが提案する組織変革に関する8段階のプロセスを紹介する。

(1) 緊急課題との認識を徹底する

　変革開始の時点で高業績であったにせよ、業績不振であったにせよ、変革の成功事例には共通点がある。それは不愉快ともとれる事実、たとえば、新たな競合相手、利益率の悪化、市場シェアの低下、収益の伸び悩み、売上成長率の鈍化など、競争力の低下を示すさまざまな指標について、いつでも率直に議論できるよう配慮されているということだ。実際にこれを実現するのは難しく、トップマネジメント自身が社員に歓迎されない情報を通達できずに、これらの重要な任務を経営コンサルタントに任せているケースも少なくない。

　だが、最も成功した変革事例をみると、トップマネジメント自ら危機に関する情報を積極的に社員に発信していた企業が多かった。大切なのは、人は現状に満足したいものであると自覚することだ。この不況を乗り越えれば事態は好転するだろう、昨年から始めたコスト削減計画が軌道に乗れば業績も改善されるだろう、といった現状への満足は、大きな問題を発生しやすい。

このため、新たな分野に踏み込むより、現状維持のほうがリスクが高いことを社員に認識させることが非常に重要である。

(2) 強力な推進チームを結成する

　組織トップが積極的に取り組まないかぎり、大きな変革は実現しない。しかも、変革はトップの力だけで成し遂げることはできない。経営トップ層に加え、5人、10人あるいは50人の社員が団結し、変革によって最高の業績を実現することを誓い合い、実際に行動することが必要となる。つまり、変革推進チームのメンバーには役員や上級管理者だけでなく、一般の社員や主要取引先の外部関係者など、さまざまな人たちが加わる必要がある。その結果、変革は通常の組織階層や指示命令系統とは違う形で推進される。そもそも現行の組織階層を通じた意思決定がうまく機能していれば、大規模な変革など必要ないのである。

(3) ビジョンを策定する

　変革推進チームにとって、顧客や株主、社員に対して説明しやすく、かつアピールしやすいビジョンを示すことが重要となる。ビジョンとは5カ年計画などの数字の羅列ではなく、企業がこれから進むべき方向を明確に示したものである。最初は漫然としていることが多いが、半年あるいは1年と作業を進めていくうちに、変革推進チームによる綿密な分析と理想が反映され、素晴らしい出来栄えになっていく。そして、最終的にはビジョンを実現するための戦略が策定される。

　よいビジョンの条件は、明確かつ簡潔なものであることだ。経営トップには方向性が理解できていても、それが複雑であったり漫然としていたりする場合は、変革を成功させるのは難しい。たとえばビジョンの説明に30分もかかっているようでは、方向性は立派でも、関係者にアピールしたり浸透させることは不可能である。

(4) 積極的コミュニケーションでビジョンを周知徹底する

　変革に失敗した企業では、すぐれた変革ビジョンを策定しても、社員に対

して一度説明会を開くだけ、あるいは一通の文書で周知するだけで社員に伝えたと考えてしまう、あるいは社内報やトップの説明で変革ビジョンを浸透させる努力がなされてはいるが、ビジョンとは正反対の行動をとり続けるトップやシニアマネジャーがいる、などの例が見受けられる。

多くの社員が何らかの犠牲を払いつつ率先して協力しないかぎり、変革の実現は不可能である。そのためにはコミュニケーションが重要であり、企業トップは日常業務のあらゆる局面でビジョンに関するメッセージを織り込む努力が必要だ。たとえば、いま討議している業務上の問題が組織全体のビジョンにどうあてはまるか、あるいはあてはまらないかを会議の場で話す、既存のコミュニケーション手段を見直し、これまで社員の興味をひかなかった社内報をビジョン伝達手段としてよみがえらせる、といったことも効果的である。

(5) ビジョン実現の障害を取り除く

変革ビジョンを実現するには、障害を取り除くことが不可欠だ。これによって社員たちがエンパワーされ、自発的に変革に取り組んでいくことが可能になるからだ。社員の自発的な行動なしには組織全体としての変革はなしえないが、組織には社員エンパワーメントの阻害要因が多数存在する。以下に代表的な4つの阻害要因を挙げる。

① 組織構造など組織面での阻害：組織構造によって資源や権限が分断され、全社一丸となった体制づくりが難しいこと。たとえば1つの商品を4部門が担当し、各部門が個別のやり方や指示命令系統で動いているなどがこれにあたる。

② 上司による阻害：多くの企業で、上司が部下のビジョン遂行を阻害するケースがみられる。このような場合は、部下のビジョン遂行を阻害している上司と直接話しあい、自らの役割を自覚してもらう必要がある。

③ 社員の能力不足：内容をよく吟味したうえで、必要な教育訓練を実施する。変革時は長年組織に定着してきたやり方を短期間の教育訓練などで変えるよう求められることが多い。その場合、技術的な側面は訓練できても、仕

事を進める際に必要な社会的スキルや態度は教育されないものであることを自覚する必要がある。
④ 人事施策と個別人事による阻害：変革を積極的に推進する人が評価され、重要なポジションにつき、金銭的にも報われる仕組みづくりと実践が重要だ。これに反する行動をとるマネジャーがそのポジションにとどまっていると、変革を推進しなくてもよいというメッセージを社員に送ることとなる。

(6) 短期的成果を上げる
　変革が本物になるには一定の時間を要する。そのため、変革の勢いを維持するには達成可能な短期目標を設定しなければならない。このまま進めば期待どおりの成果を得られると確信できるような証拠を1〜2年で目にすることができなければ、多くの人は遠い変革の道のりを歩きつづけようとは思わないからだ。そのために、長期的な変革とともに、短期的な成果の出る目標を設定することが重要だ。たとえば、変革プロジェクトの達成には数年間かかると理解して長期的なゴールを目指しつつも、6〜8カ月で明確な成果を出すことが可能な目標を設定し、その達成を目指すといったことである。

(7) 早すぎる勝利宣言を行わない
　短期的成果ののちに変革が軌道に乗り、やがて明確な業績改善がみえる。その場合、1〜3年というある程度長い期間で安定的な業績回復が認められる。この段階で勝利宣言をしたいと考えるのは理解できる。だが、変化が組織文化に根付くには5〜10年が必要で、それまでは新しいアプローチはもろく、後退する可能性をはらんでいる。たとえば、早すぎる勝利宣言によって変革に反対していた保守派が勢力を盛り返すケースがある。また、少数の変革推進者以外の多くの社員は、変革を続ける努力への苦痛から、「私はもう十分に役割を果たした。今度は別の人の番だ」などと考え、変革の努力を停滞させてしまうこともある。

(8) 新たな組織文化を定着させる
　変革を組織文化として根づかせることは非常に難しい。シャインが主張す

るように、組織文化には深層レベルで当然のこととして意識されない基本的仮定が前提とされることも多い。もはや意識されないほど浸透した考え方や行動を、新たな考え方や行動に変えていくのはたやすいことではない。変革を組織文化に定着させるには、少なくとも以下の5つの点を実行する必要がある。

① 組織文化の変革によってビジネス面での変革を簡単に実現できると考えてはならない。行動規範や価値観といった組織文化の変革は、最終段階でようやく実現するものである。
② 明確な成果を示し、新たな考え方や行動様式が役立つものであることを社員にアピールする。
③ 変革によって業績向上が達成されたことを具体的に議論し、社員にその効果を実感させる。
④ 必要に応じて変革を阻害する重要人物を排除する。
⑤ 変革を支援する後継者を選ぶ。

第10章
グループ・ビヘイビア

1 グループ

1-1 グループとは何か

「グループ」とは共通の目的を達成するために集まった、互いに影響を与え依存しあう複数の人々を指す。共通の目的もなくただ集まった人々は群衆（Crowd）であって、グループとは呼ばない。つまりグループと呼ばれるためには、継続的な相互関係がある、共通の目的をもっているなど、いくつかの条件が必要なのである。

では、人はなぜグループに入ろうとするのか。本書では以下の3つの理由を紹介したい。

① 他者と関係を持つ：人は感情的・心理的なサポートを得るために他者との関係を求める。第2章のモチベーションの章でも紹介したように、他者との関係を構築しようとすることは、人間の基本的欲求の1つである。グループに属することで他者から心理的サポートを得て、基本的な欲求を満たせるからである。

② 自分の役割やアイデンティティをもつ：グループに属することで、人は他者に対して何らかの役割を果たしていると実感できる。また、グループ内でステータスを得たり、人から認知されていると感じたり、社会的なアイデンティティをもつことができる。

③ 高いパフォーマンスを達成する：グループのメンバーと協力しあい、目標達成に向かって努力することで、個々人が行う努力の総和よりも高いパフォーマンスを達成することが可能になる。①と②が心理的側面に関する理由であるのに対し、この③は実践的なものである。

1-2　グループの分類

グループにはいくつかの種類があるが、ここでは組織におけるグループ分類を紹介する。組織内のグループは、目的達成のために公式に組織され明確な役割を与えられた「フォーマルグループ」と、社員によって自発的に形成された「インフォーマルグループ」の2つに大別できる。さらに、前者は「コマンドグループ」と「タスクグループ」に、後者は「利害グループ」と「友好グループ」に分けられる。その内容を以下に紹介する。

- **コマンドグループ**：組織図の指揮系統に基づいたグループ。マネジャーとその直属の部下から構成される。
- **タスクグループ**：あるタスクを遂行するために構成されたグループ。コマンドグループもタスク遂行を目的としているためここに含まれる。タスクグループには組織横断的なタスクフォースなど、複数の指揮系統に属する人が含まれる場合がある。タスクグループのほうがコマンドグループよりも広い概念である。
- **利害グループ**：組織内の個人がある特定の利害のもとに集まるグループ。労働条件の改善のために部門を超えて自主的に集まるグループなどがこれに相当する。
- **友好グループ**：組織内のサークルや同期会など、共通の特徴を持つ人たちによって形成されるグループ。特に共通の利害を追求しようとするもので

はない。

1-3　グループの基本的概念

グループにはいくつかの基本的な概念が存在する。代表的なものを以下に紹介する。

(1) 役割

グループの中で個人に対して期待される行動を指す。グループにはある共通の目的をもった人が集まるため、グループ内の個人にはその立場に応じて次のような特定の役割が決められ、期待される。

- **公式の役割**：ジョブディスクリプション（職務記述書）などで定義されている役割
- **他者から期待された役割**：グループ内のメンバーなどから期待される役割
- **認識された役割**：本人がこのように行動すべきだと感じている役割。グループの他のメンバーが自分にこんな役割を期待しているだろうと本人が認識する役割
- **実行された役割**：個人が実際に実行する役割

これらの役割内容は常に一致しているとは限らず、不一致が生じる可能性がある。もちろん、役割間で不一致が発生すると問題となりやすい。これ以外にも役割にはさまざまな問題が存在するが、その1つが、役割葛藤（Role Conflict）である。一般的にグループの中で個人が果たす役割は1つではなく複数であることが多いが、ある役割に対する期待を満たすと、他の役割に対する期待に応えることができなくなってしまうケースがある。これを「役割葛藤」という。

さらに役割葛藤が生じると、多くの人の期待に応えようとして、役割過重（Role Overload）となりやすい。もう1つは、役割曖昧性（Role Ambiguity）である。他のメンバーからの役割期待が明確でなかったり、役割に対する情報が不十

分だったりしたときに生じやすく、こうなると人はどのように行動すればよいかわからなくなってしまう。役割曖昧性は役割葛藤や役割過重の原因にもなる。役割葛藤、役割過重、役割曖昧性はすべて、ストレスの大きな原因となり、パフォーマンスの低下につながる。

(2) 規模

グループの規模はさまざまな面でメンバーに影響を及ぼし、その結果、グループ全体のパフォーマンスを左右する。たとえば、大規模なグループの特色として、以下のようなものがある。

- メンバーは指示型のリーダーを認めて従う度合いが高まる。
- 公式なルールを決める傾向が強まる。
- メンバーは自分に対する注目度が下がったと感じ、意思決定参画の機会も減少するため、職務満足の度合いは減少する傾向がある。
- グループの規模に比例して全体的なパフォーマンスも大きくなるが、ある規模を超えるとメンバーの参画度合いが低くなる、あるいはメンバー間の調整に手間取るなどの問題によって、パフォーマンスの向上が難しくなる。
- メンバーは1人で働くときほど努力しなくなる。この傾向は「ソーシャルローフィング」あるいは「フリーライダー」と呼ばれる。グループの規模が大きくなると個人のパフォーマンスが全体に与える影響が小さくなる、個人に対する注意が低くなるといった理由で、このソーシャルローフィング問題も大きくなる。

グループの規模が大きくなるとこうしたさまざまな問題が発生するため、あまり大きなグループを形成することには問題がある。多様な情報や意見を得るには一定のグループ規模があったほうが効果的だが、情報や意見に基づいて何かを達成するためには、比較的小規模のグループのほうが効果的だ。このため、10人以下の規模が適性規模とされることが多い。

(3) ステータス

　ステータスとは、グループ内のポジションに応じて決められるグループ内の格付け、地位のことである。グループのメンバーにはそれぞれ異なったステータスがあり、ステータスに応じてグループ内での発言権が変わってくる。また、ステータスには公式と非公式のものがあり、公式のステータスにはグループの指揮命令系統に則ったもの、非公式のステータスにはグループに長くいるために備わった地位などが含まれる。

　このようにステータスには複数の種類があるため、たとえば組織内の公式な地位は高くないが、非公式なステータスは比較的高いなど、1人の人がグループの中で複数のステータスをもつことが多くなる。

(4) 規範

　グループにはグループメンバーによって形づくられた規範がある。規範にはいくつかの特色があるが、ここでは3つの特色を紹介する。

- グループメンバーにのみ重要なもの。多くの場合、規範は非公式なものだが、グループメンバーは日常の接触などによって規範を知っている。
- 規範に対する容認度合いは個々のメンバーによって異なる。完全に合意している、あるいは容認しているメンバーもいれば、そうでないメンバーもいる。
- 規範にはすべてのメンバーに適用されるものもあれば、一部のメンバーのみに適用されるものもある。

(5) 凝集性

　「凝集性」とは、グループメンバー同士がお互いにひきつけられ、グループにとどまりたいと感じている程度を指す。高凝集性グループとは、別の言い方をすれば結束力・団結力のあるグループでもある。凝集性はグループのパフォーマンスに影響を与えるため、グループにとって重要な概念となる。凝集性の高いグループでは、以下のような特色がみられる。

図表10-1 グループの凝集性とパフォーマンスの関係

出典：Robins, S,P. (2005) *Essentials of Organizational Behavior* (8th ed.), Prentice-Hall（髙木晴夫訳『組織行動のマネジメント』2009，ダイヤモンド社）をもとに作成

- メンバーの満足度が高まる。
- メンバー間のコミュニケーションが増える。
- グループメンバーは、メンバー以外の人に対して敵意を抱く傾向が強まる。
- 変化に対してより大きな抵抗を示す傾向がある。そのため、たとえば組織変革を行う場合は、高い凝集性をもつグループでは失敗する危険性が高いことを考慮し、慎重に実行することが求められる。

凝集性はパフォーマンスに影響を与えると述べたが、凝集性の高いグループにおいては、パフォーマンスは高い場合もあれば低い場合もある。パフォーマンスの度合いは、グループの目的が組織の目的にあっているかどうかによる。

凝集性とパフォーマンスの関係を示したのが**図表10-1**である。ここに示したように、集団凝集性とパフォーマンスの関係には以下の4つのパターンがみられる。

- 凝集性が高い × 組織目標とグループ目標の一致度が高い
  →パフォーマンスが大幅上昇
- 凝集性が低い × 組織目標とグループ目標の一致度が高い

→パフォーマンスがやや上昇
- 凝集性が高い×組織目標とグループ目標の一致度が低い
　→パフォーマンスが低下
- 凝集性が低い×組織目標とグループ目標の一致度が低い
　→パフォーマンスに対する顕著な影響なし

　凝集性の高いグループでは、メンバーがグループでインフォーマルに設定した規範や目標に従う傾向が強い。そのため、組織目標とグループで設定した目標が異なると、組織目標ではなくグループで設定した目標達成を重視してしまうこととなる。その結果、凝集性の高いグループには、組織目標との一致度合いによってパフォーマンスの変動が大きいという特色がみられるため、凝集性の高いグループの目標と組織目標を一致させることが非常に重要になる。

1-4　グループ間バイアス

　人は自分が所属している（あるいは所属していると感じている）グループのメンバーに同調・高評価し、自分が所属していない（あるいは所属していないと感じている）グループのメンバーには否定的見方・低評価をする傾向がある。その理由として2つの指摘がなされている。
　1つは、グループメンバー同士では相互作用が多いため、グループメンバー間ではお互いの状況や意思決定の理由などがわかるが、他のグループのメンバーに関しては相互作用が少ないことから、単純でステレオタイプ的な見方をするというものである。もう1つは、グループメンバーに好意的にふるまうことが自己利害にかない、相手もそう望んでいると感じやすいというものである。
　いずれの説明においても、ある特定のグループを自分が所属するグループと認知することが前提になっているが、私たちは多種多様な社会的カテゴリー（グループ）の一員であるため、同一他者がグループメンバーにもグループ外メンバーにもなりうる。

1-5　黒い羊効果(Black Sheep Effect)

「黒い羊効果」とは、グループ内メンバーとグループ外メンバーを比較する際に、好ましいメンバーを比較するときは、グループ内メンバーのほうが高く評価され、好ましくないメンバーを比較するときは、グループ内メンバーのほうが低く評価されやすいという現象のこと。つまり、グループ内メンバーの比較では、良くも悪くも極端に評価されやすいということである。

その理由として、人は自分の所属しているグループを高く評価したい(それによって自分自身も高く評価したい)という願望があるため、優れたメンバーは自身が所属するグループを高く評価し、逆にそれに反するメンバーをより低く評価する傾向が挙げられる。自分の仲間を排除することにもつながるこの黒い羊効果は、組織における差別が行われる要因の1つとされている。

1-6　グループデシジョンメーキングの特色

(1) グループデシジョンメーキングの利点と欠点

ここまで、グループが基本的に有するさまざまな問題について記載してきた。次に、組織にとって非常に重要なグループ機能の1つであるグループの意思決定を紹介する。その特色としてまず挙げられるのが、グループでの意思決定は、個人がばらばらに意思決定した場合より高い質を示すということだ。以下にその理由を示す。

- より多くの情報・知識・意見を収集し、それを活用できる。
- グループという社会的な状況が、メンバーの意思決定への参画モチベーションを向上させる。意思決定に参画し貢献したことで、グループメンバーから賞賛されるなどのリワードを受けるため、グループの意思決定に貢献しようというモチベーションが生じる。
- 多くの人が決定にかかわるため、決定内容についても多くの人に受け入れられる。

図表10-2 グループデシジョンメーキングの特徴

利点	欠点
• 知識・情報量の増加 • 参加者の社会的な欲求の満足 • グループデシジョンメーキングへの貢献に対する、参加者のグループメンバーからの賞賛 • 資源の共有 • 質の高い解決	• グループシンク • グループポラリゼーション • グループの意思決定はセカンドベストになりやすい • 必要以上のコミットメントの高まり • コストの増加 • コンフリクトの発生 • 意見を受け入れるかどうかに、意見の内容ではなく、参加者のグループにおけるステータスが反映される

出典：Vecchio, R, P. (2003) *Organizational Behavior: Core Concepts* (5th ed.), Thomson Learningなどをもとに作成

　しかし、グループデシジョンメーキングにも問題はあり、時間やお金などコストがかかる、責任があいまいになるといった傾向がある。さらにグループでの意思決定は、グループ内で最高の質で意思決定をする人の決定より質が劣ることが多い。1人だけよい意見を提案しても、それに同調するメンバーがいないかぎりグループでの決定として採用されない場合が多いからだ。このため、グループでの決定は客観的にみた場合、あるいは後で振り返ると、グループ内で最高の結論を出した個人の結論より劣るものとなり、セカンドベストの結論となる傾向がある。

　次に紹介する「グループポラリゼーション（グループの分極化傾向）」はグループの意思決定の質を低下させる原因となり、「グループシンク（集団浅慮）」はグループによる意思決定の大失敗を表すものだ。グループでの意思決定の利点と欠点を**図表10-2**にまとめた。

(2) グループポラリゼーション

　グループメンバー内に極端な意見をもつ人がいても、話し合いの中で中和されていき、グループ全体として極端な意見は少なくなるような印象を受ける。しかし実際には、グループの行動や意見は個人のメンバー以上に極端なものとなりやすい。このようなグループ全体での極端化を「グループポラリ

ゼーション」という。このグループの分極化には、よりリスキーな方向に変化するリスキーシフトと、より慎重な方向に変化するコーシャスシフトの2つがある。

　最初に発見されたのが「リスキーシフト」である。リスキーシフトの原因として考えられるのが、責任分散である。自分1人で決定したことであれば自分で全責任をとらなくてはならないが、グループで決定したことであれば個人的にとるべき責任が軽くなると感じる傾向のことである。また、意思決定にかかわる人数が増えると、誰がグループメンバーであるかも特定されにくくなる。このように、グループでの意思決定は個人の決定よりリスキーな方向にシフトしやすいが、逆に、個人より慎重な方向にシフトする場合もある。それを「コーシャスシフト」と呼ぶ。

　リスキーシフトやコーシャスシフトのようにグループの意思決定が分極化しやすいのは、グループの意思決定にはグループ内での社会的承認が得られることが関係している。つまり、ある方向に意思決定がシフトすると、意思決定した時点までのシフトはグループメンバーの間で承認が得られたことになり、そこを出発点として議論が始まるのである。

　リスキーな方向あるいは慎重な方向のいずれにシフトするかは、グループメンバーのリスクに関する平均的な特徴と最初の段階の議論という2つの要因が重要な役割を果たすようだ。メンバーの平均的な特徴については、グループの人間が平均してリスク指向型の傾向である場合にはグループ討議によってリスク指向性が強まり、グループの人間が平均してリスク回避型の場合にはグループ討議によってリスク回避傾向が強まる。最初の段階の議論については、最初の段階でリスキーな方向に議論が傾くとそのままリスキーな方向にシフトし、リスク回避的な方向に議論が傾くとそのまま慎重な方向にシフトするというものである。

(3) グループシンク

　グループデシジョンメーキングの問題として、「グループシンク（集団浅慮)」を紹介する。これはアーヴィング・ジャニスが提唱した概念で、グループによる意思決定の大失敗を意味し、高い凝集性をもつ優秀なグループで起

こりやすい現象である。具体的には、グループのメンバーがコンセンサスの形成に集中するあまりに現実的評価がおろそかになり、少数意見や耳の痛い意見、さらに外部の意見に耳を傾けずに意思決定してしまう現象である。その原因の1つとして、グループのメンバーが自分たちは優秀で間違いを犯さないと過信してしまうことにある。グループシンクが、高凝集性をもつ優秀なグループで発生しやすいのはこの理由による。

　グループシンクは歴史的なグループの意思決定に関する研究から生まれたものだ。研究対象となった意思決定には、ケネディ政権のピッグス湾攻撃、ニクソン政権のウォーターゲート事件、ベトナム戦争への加担、ルーズベルト政権下の真珠湾攻撃、ナチス政権のソビエト侵攻などがある。なかでもケネディ政権のピッグス湾攻撃は、優秀なスタッフからなるケネディ政権の意思決定の大失敗として有名だ。これは1961年に、カストロ率いるキューバの革命政権を倒すために侵攻した部隊の大半がわずか数日で捕らえられ、収容所に送られてしまった事例である。ジャニスの著書には、どのようなプロセスで意思決定の大失敗が発生したかが詳細に描かれている。

2 チーム

2-1　チームとは何か

　タスクグループ内の特別なタイプのグループを「チーム」という。チームとグループの違いは名称の違いだけではなく、チームではメンバーの協調によってプラスアルファの相乗効果を生み出すところにある。そのため、個々のチームメンバーの成果の総和以上の成果が達成されることが、チームと呼ばれる条件といえる。もっとも現実には、チームという名称を掲げただけで実質的に何も変わらない場合も多い。

2-2　チームのタイプ

チームはいくつかのタイプに分類できるが、その主要なものを紹介する。

- **問題解決型チーム**：職場での問題発見や解決を目的に結成されるチーム。QCサークルのような常設チームもあれば、タスクフォース型チームのように特定の問題解決のために結成され、その問題が解決すれば解散するタイプもある。
- **機能横断型チーム**：チームメンバーは組織階層的にはほぼ同じ階層だが、異なる部門や機能分野から選出される。特定の目標に対し、専門分野の異なるメンバーからなるチームが取り組むことで多角的な視点や幅広い専門知識に基づくアプローチが可能になり、質の高い目標の達成が可能となる。
- **自己管理型チーム**：上司がもつ権限・責任がチームメンバーに委譲された職務充実型のチーム。具体的な権限・責任の委譲としては作業の実行方法の決定、メンバー間の作業分担、作業速度の管理などが含まれる。さらに自己管理型チームには、メンバー自身がチームメンバーの選定を行う、あるいはメンバーが相互に評価を行うケースもある。この自己管理型チームは管理されないチームというより、チームメンバー自身によって管理されるチームである。
- **バーチャルチーム**：コスト削減、製造サイクルの削減、顧客満足の向上、サプライヤーとの関係強化などを目指して結成されるバーチャルなチーム。実際にチームメンバーが一緒になって特定の仕事に取り組むのではなく、共通の課題に取り組む社員のための共有のウェブサイトを構築し、それを通じて情報や知識、スキルの交流や課題解決の方策を探る、あるプロジェクトの成功事例をベストプラクティスとして組織に普及させるなどの方法で、チームのように活動するものである。

2-3　チームの条件

ジョン・カッツェンバックとダグラス・スミスは、高業績をあげるチーム

の条件として、以下の4つの条件を提案している。

(1) 補完的なスキル
　チームメンバーは相互補完的なスキルをもち、チーム全体として正しいスキルの組み合わせをもつことが必要となる。要求されるスキルは以下の3つの分野に分かれる。

- 技術的あるいは機能的専門能力
- 問題解決および意思決定スキル：チームは問題や機会を分析し、代替案を評価し、利益得失のバランスをとりつつ意思決定していかなければならない。そのために必要なスキルに関し、メンバーはお互いに補完的なスキルを有している必要がある。
- 対人関係のスキル：共通の理解や同じ目的を共有するためには効果的なコミュニケーションや建設的なコンフリクトが必要であり、メンバーがそれを可能にする対人関係スキルをもつ必要がある。

　なお、これらの補完的スキルはチーム発足時から必ずしも備わっている必要はなく、チームが学習によって習得していくことが重要となる。

(2) 共通の目的と達成目標へのコミットメント
　チームには、共有される意義ある目的、具体的な業績達成目標、目標に対するメンバーのコミットメントの3つが必要となる。共有される意義ある目的によってチームの方向づけや勢い、コミットメントが作り出され、目的を具体的で測定可能な業績目標に変換することによって、目標達成に対する確実な一歩が実現するのである。

(3) アプローチを共有しコミットする
　チームは目標達成のためにどのように協力し作業するかに関し、チーム独自のアプローチを作り出す必要がある。そのためには、意思決定やいったん意思決定された内容を必要に応じて変更すること、作業の具体的細部の検討

や決定など、さまざまな側面において個人のスキルを活用することに加え、チームメンバー全員の参画、チーム全体の調和のためにチームメンバー全員の合意形成がなされることが重要になる。合意形成にはすべてのメンバーが参加する必要があり、このプロセスを少数メンバーまかせにしてはならない。

(4) メンバーの相互責任感

　すべてのチームメンバーはチームとしての責任をとらなければならない。チームにおける責任感とは、自分自身と他のメンバーに対する真剣な約束であり、これによってコミットメントと信頼というチームの決定的側面が形成される。メンバーが相互に責任感をもっているかどうかは、チームの目的やアプローチの質を判定するリトマス試験紙のようなものである。業績達成に対するメンバー相互の責任感がなければ、チームを維持するための共通の目的やアプローチがまだ形成されていないということになる。

3 ｜ コンフリクト

3-1　コンフリクトとは何か

　複数の人間がいれば、目標や利害、意見、立場などにおいてしばしば相違が発生する。この目標や利害、意見、立場などを異にする複数の人間の間で、目標達成に対して相違を有する一方の当事者が他方の当事者から妨害されること、あるいは妨害されたと認識することを「コンフリクト」と呼ぶ。多数の人間が集まる組織では、コンフリクトが頻繁に発生することは日常の経験から理解できることだ。そのため、コンフリクトを理解し対応していくことが、組織マネジメントにおいては非常に重要な要件となる。

3-2　生産的なコンフリクトと非生産的なコンフリクト

　以前はすべてのコンフリクトは悪であり、コンフリクトがなく調和のとれ

図表10-3 コンフリクトと組織パフォーマンスとの関係

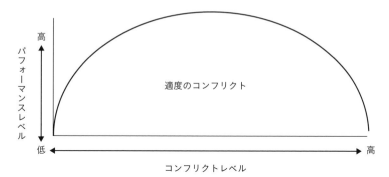

出典：Gibson, J, L., Ivancevich, J, M. Donelly, Jr. J, H. & Konopaske, R. (2012) *Organizations: Behavior, Structure, Process* (14th ed.), McGraw-Hillなどをもとに作成

た組織が望ましいとされた。しかし、この分野の研究が進むにつれて、コンフリクトは必ずしも常に悪いものではなく、組織パフォーマンスにプラスに働く生産的なコンフリクトもあるという見方が主流になりつつある。コンフリクトには人々に刺激を与えて組織を活性化させる、組織内に反論や反対があったほうが意見を多角的に吟味し意思決定の質を高めることができるなどの効果があるという見方である。つまり、組織革新や環境変化への適応力、あるいは組織の創造性を高めるには、ある程度のコンフリクトが必要なのである。

とはいえ、コンフリクトがあまりに激しすぎると、組織内の意見統一を図ることが難しくなり、協調や協働を実現することが不可能になる。要するに、コンフリクトには最適レベルがあり、コンフリクトのレベルがあまりに低すぎても高すぎても組織パフォーマンスに負の影響が出てしまう。この関係を示したのが**図表10-3**である。

3-3　コンフリクトの発生要因

組織において、なぜコンフリクトは発生するのか。原因はさまざまだが、以下にそのいくつかを紹介する。

- **組織サイズ**：組織のサイズが大きくなるほど一般的にコンフリクトは多く発生しやすい。
- **社員参画**：社員の参画レベルが高くなると一見コンフリクトは減少するように思えるが、これまでの研究によると実際はその逆であり、コンフリクトは増加することがわかっている。社員が意思決定プロセスに参画することで個々人の意見の相違が明らかになるためである。
- **コミュニケーション**：コミュニケーションによってお互いの意見の違いが明らかになり、それがコンフリクトに発展するケースは多い。不正確なコミュニケーションによって生じる誤解もコンフリクトの大きな原因だが、コミュニケーションそれ自体によってメンバー間の利害や意見の違いが明らかになるためである。
- **社員間の目標の違い**：組織全体としての大きな目標は一致していても、具体的な目標が部門間やグループ間で異なるのはよくあることだ。ある個人やグループの目標達成が、別の個人やグループの目標達成を阻害してしまう場合もあり、このような場合にはコンフリクトが発生しやすくなる。
- **評価・処遇システム**：組織内の個人やグループ間の目標が異なる中で、個人・グループ別の成果が重視されるような評価・処遇システムのもとでは、コンフリクトはいっそう増加する傾向がある。
- **職務の相互関連性**：組織内では個人やグループの仕事が相互依存的なものになりやすいが、相互依存性のある仕事に従事している個人やグループ間ではコンフリクトが発生しやすくなる。
- **資源の希少性**：組織内では個人やグループ社員間で資源をシェアしたり分配しあったりしているが、シェアしたり分配しあっている資源が希少であるほどコンフリクトは発生しやすい。
- **誤った見方**：組織メンバー間で、相手側をあまりよく知らずにステレオタイプな見方をしてしまうとコンフリクトは発生しやすくなる。
- **時間に対する感覚の違い**：仕事内容によって仕事やパフォーマンス達成のサイクルは異なってくる。たとえば、営業部門では1カ月ごとに営業成績が集計されるが、研究部門では1カ月で結果が出るものはほとんどないといった具合に、パフォーマンス達成のサイクルが異なるのはよくあること

だ。仕事内容の違いによるこの時間感覚の違いが、両者の間にコンフリクトを生む原因となる。

3-4　コンフリクトの結果

　コンフリクトが発生した場合の結果はどうなるだろうか。前述のとおり、コンフリクトには生産的なものと非生産的なものがある。生産的なコンフリクトは、組織メンバーの問題認識を促して組織の問題発見や解決に寄与する、意思決定の質を向上する、組織の創造性や変革力が向上するなど、さまざまな面でよい結果を生み出す。

　もう1つ重要なのは、コンフリクトによって、グループシンクを防ぐことができるという点だ。グループシンクは、高凝集性をもつグループに発生しやすいグループデシジョンメーキングの大失敗であるが、グループメンバーのコンセンサスを重視して、異なる意見を排除してしまうことがその要因の1つとなっている。コンフリクトはグループシンクとは逆の状況のため、グループシンクを防ぐ有効な手段となる。

　問題は、非生産的なコンフリクトである。非生産的なコンフリクトの結果はさまざまだが、その1つとして、コンフリクトを起こしている相手に対し、否定的な見方が増大することが挙げられる。相手の悪い面や非合理的な行動が強調され、逆によい面や合理的な行動は無視あるいは軽視されがちとなる。ネガティブなステレオタイプの見方も増幅されやすい。さらにコミュニケーションの減少もみられるが、コミュニケーションが減少すると相手に関する情報が正しく伝わらず、これが結果的に相手に対する間違った見方を増大させることにつながる。

　グループ間で非生産的なコンフリクトが発生した場合の結果について、ギブソンらによる指摘のいくつかを紹介する。

- **グループ内の凝集性の増加**：グループ間でコンフリクトが発生すると、同じグループのメンバーは共通の敵を得たという感覚をもつようになり、グループ内の凝集性が増加しやすくなる。

図表10-4 コンフリクトの対応スタイル

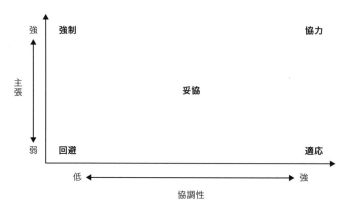

出典：Vecchio, R, P. (2003) *Organizational Behavior: Core Concepts* (5th ed.), Thomson Learningなどをもとに作成

- 指示型リーダーの出現：他のグループとコンフリクトが起こると、グループ内での結束が固くなると同時にメンバーは強いリーダーシップを好むようになる。その結果、指示型のリーダーが出現する可能性が高まる。
- 自分のグループの優位性の強調：コンフリクトを通じてメンバーは自分たちのグループが他のグループよりも組織にとって重要であり、また優れているという感覚を強めていく。この感覚がさらにコンフリクトを強めることになる。

3-5　コンフリクトへの対応

　生産的なコンフリクトは組織にとってよい効果を生み出すが、非生産的なコンフリクトには適切に対応してコンフリクトを減少させる必要がある。
　コンフリクトへの対応について考えてみよう。コンフリクトにはさまざまな対応のしかたがあり、人や状況によって異なる。ケン・トーマスはコンフリクトへの対応を協調性と自己主張という2つの軸から、以下のように分類している（**図表10-4**）。

- **強制**：組織の上位の権威に働きかけて相手を圧倒しようというスタイル。組織のパワーや権威によって相手を打ち負かそうという方法で、非協調・自己主張型の対応スタイルに分類される。
- **協力**：正直な議論を通じて両者とも利益を得るような解決策を探そうとする方法で、協調・自己主張型対応スタイルに分類される。資源の共有によるコンフリクトの減少などがこれにあたる。
- **適応**：自分たちの利益より相手の利益を優先させることで、コンフリクトの解決にあたる。協調・非自己主張型対応スタイルに分類される。他の対応方法がある場合にはこの方法がとられることは滅多になく、この対応スタイルがとられるのは、これしか方法がなかった場合に限られる。
- **回避**：中立的な立場をとる、異議の申し立てを避けるなどによってコンフリクトを避けようとする方法。非協調・非自己主張型の対応スタイルで、最終的な解決を延ばし、とりあえず時間をかけることが必要と判断された場合にとられる方法である。
- **妥協**：コンフリクトを起こしている両者ともに、すべての主張を通すことを諦めて妥協を図る方法。協調と自己主張の両面で中間的な立場となる。

あとがき

　序章にも記したように、本書の目的は、組織行動に関する基本的理解とその応用力・実践力強化を目指すことにある。この目的を果たすべく筆者が選んだ方法は、組織行動の標準テキストが多く扱う項目にプラスして、職場で応用・実践しやすい内容を盛り込むというものである（第7章　キャリア理論に関しては、英文のテキストでは含まれない場合が多いが、日本語の組織行動系テキストでは含むものが多い）。具体的には、第3章　モチベーション理論の実践、第4章　日本型人材マネジメントの特色と変化、第5章　欧米型人材マネジメントの特色の3つの章がこれに当たる。

　各章の目的を記載すると、まず、第3章のモチベーション理論の実践では、多くの企業で導入されているパフォーマンス・マネジメントを取り上げている。パフォーマンス・マネジメントとは具体的な目標設定に基づいてパフォーマンスを測定・評価することであり、パフォーマンス向上を図るマネジメントツールである。多くの場合、パフォーマンスに関する測定・評価はそのまま人事評価に連動する。さらに、人事評価結果は報酬、異動、昇進、人材開発など、人材マネジメント全般に連動する。このため、働く人にとって日々の仕事と長期的なワークキャリアとをつなぐ重要なマネジメントツールとなる。

　なお、このパフォーマンス・マネジメントの理論的背景となるのが、第2章で紹介したモチベーション理論である。本書でモチベーションの基本理論を学ばれた読者の皆様には、日々の仕事における実践方法であるパフォーマンス・マネジメントについて理解を深めていただきたい。第2章と第3章をあわせてお読みいただくことで、基本理論から応用・実践までを一貫してご理解いただけるものと思う。

　第4章と第5章は、採用方法や日々の仕事に対する評価の視点、報酬、異

動、昇進、人材開発など人材マネジメントに関し、「日本型」と「欧米型」の2つのタイプを紹介する。序章で紹介したとおり、組織行動が基本的理論部分を対象とするのに対し、その応用分野となるのが人材マネジメントである。組織行動の知識を効果的に実践するには、応用分野である人材マネジメントの実態を知ることが非常に重要である。本書では人材マネジメントの具体例として、日本で普及・定着してきた「日本型人材マネジメント」と「欧米型人材マネジメント」という、日本で現在共存している2つの異なる人材マネジメントタイプを紹介する。

新卒一括採用、ローテーションを含む内部人材育成、職能資格等級、属人給、職能給、定期昇給などの特色をもつ日本型の人材マネジメントは、世界的にみると非常にユニークなものである。これに対し、職種別・職務別採用、早期選抜、職種内異動、職務等級、職務給などの特色をもつのが日本以外の諸外国の人材マネジメントであり、本書ではその代表として欧米型人材マネジメントを紹介する。ご存じのとおり、過去20年あまり、日本型人材マネジメントは変化し続けており、その変化の先にあるのが、欧米型人材マネジメントである。政府が標榜する「同一労働同一賃金」も、この欧米型人材マネジメントで展開されているものである。

現在、伝統的日本型人材マネジメントの特色が色濃く残る企業もあれば、欧米型人材マネジメントの手法を積極的に導入する企業もあり、まさに2つのタイプの人材マネジメントが共存している状態である。ビジネスパーソンにとっては勤務先企業によって、これから就職する大学生の読者にとっては就職先の企業によって、日本型か欧米型かあるいは中間型かは、それぞれに異なるであろう。一方、転職を経験した方にとっては、前の職場は日本型だったが転職先の新しい職場は欧米型であるという場合もあるだろう。人材マネジメントの特色が変化の途上にあるいま、組織行動の具体的な実践方法を知るためには、この2つのタイプについてよく理解することが必要となる。

本書の特色は、組織行動に関する理論と実践の両方を一冊の本にまとめたことにある。すでに組織で活躍されているビジネスパーソンやこれから仕事の世界に入っていく大学生の皆様に、ぜひ本書を活用していただければ幸い

である。

　本書は、NTT出版の宮崎志乃氏の尽力によって実現した。以前より、組織行動の理論と実践方法の両方を含む書籍を出版したいと希望していた筆者の夢を実現していただいた宮崎志乃氏に心からの謝意を送りたい。

　2018年3月　東京・渋谷にて

須田敏子

参考文献

Adams, J, S. (1963) "Towards an Understanding of Inequity", *The Journal of Abnormal and Social Psychology*, (November), 422-436.

Adler, N, J. (2002) *International Dimensions of Organizational Behavior* (4th ed.), Southwestern.

Alderfer, C, P. (1972) *Existence, Relatedness, and Growth: Human Needs in Organizational Settings*, New York, Free Press.

Ambrose, M, L. & Arnaud, A. (2005) "Are Procedural Justice and Distributive Justice Conceptually Distinct?", in J.Greenberg & J.A.Colquitt (eds.) *Handbook of Organizational Justice*, Psychology Press, 59-84.

Armstrong, M. & Baron, A. (1996) *Performance Management: The New Realities*, CIPD.

Armstrong, M. & Murlis, H. (1998) *Reward Management: A Handbook of Remuneration Strategy and Practice* (4th ed.), Kogan Page.

Armstrong, M. (2015) *Armstrong's Handbook of Reward Management Practice: Improving Performance through Reward* (5th ed.), Kogan Page.

Arvey, R,D., Bouchard, T,J., Segal, N,L. & Abraham, L,M. (1989). "Job Satisfaction: Environmental and Genetic Components", *Journal of Applied Psychology*, 74, 187-192.

Atkinson, J. (1985) "Flexibility, Uncertainty and Manpower Management", *IMS REPORT*, No. 89, Institute of Manpower Studies.

Atkinson,R, L., Atkinson,R, C., Smith, E, E., Bem, D, J. & Hilgard,E,R. (1990) *Introduction to Psychology* (10th ed.) Harcourt Brace Jovanovich Publishers.

Bandura, A. (1977) "Self-efficacy: Toward a Unifying Theory of Behavioral Change", in A. Bandura (ed.) *Psychological Review*, 84, 191-215.

Bandura, A. (1982) "Self-Efficacy Mechanism in Human Agency", *American Psychologist*, 37, 122-147.

Baron, J, N. & Kreps, D, M. (1999) *Strategic Human Resources: Frameworks for General Managers*, JOHN WILEY & SONS.

Barrick, M, R. & Mount, M, K. (1991) "The Big Five Personality Dimensions and Job Performance: A Meta-Analysis", *Personnel Psychology*, 44, 1, 1-26.

Bass, B, M. (1985) *Leadership and Performance beyond Expectations*, The Free Press.

Bateman, T,S., & Organ, D,W. (1983) "Job Satisfaction and the Good Soldier:

The Relationship between Affect and Employee "Citizenship"", *The Academy of Management Journal* (December), 587-595.

Beardwell, I., Holden, L. & Claydon, T.（2004）*Human Resource Management*: A *Contemporary Approach*（4th ed.）, Prentice Hall.

Becker, G, S.（1975）Human Capital: *A Theoretical and Empirical Analysis with Special Reference to Education*（2nd ed.）, Columbia University Press（佐野陽子訳『人的資本：教育を中心とした理論的・経験的分析』1976年，東洋経済新報社）.

Becker, H, S.（1960）"Notes on the Concept of Commitment", *American Journal of Sociology*, 66, 32-40.

Blake, R. and Mouton, J.（1978）*The New Managerial Grid*, Gulf Publishing Co.

Bratton, J. & Gold, J.（2003）*Human Resource Management: Theory and Practice*（3rd ed.）, Palgrave.

Bridges, W.（1992）*Transitions: Making Sense of Life's Changes,* Addison-Wesley（倉光修・小林哲郎訳『トランジション：人生の転機を活かすために』2014年，パンローリング）.

Brockner, J. & Wiesenfeld, B, M.（1996）"An Integrative Framework for Explaining Reactions to Decisions: Interactive Effects of Outcomes and Procedures", *Psychological Bulletin*, 120, 2.

Brown, R.（1988）*Group Processes: Dynamics within and between Groups*, Wiley（黒川正流・橋口捷久・坂田桐子訳『グループ・プロセス：集団内行動と集団間行動』1993年，北大路書房）.

Brown, S,P. & Lam, S,K.（2008）"A Meta-Analysis of Relationship Linking Employee Satisfaction to Customer Responses", *Journal of Retailing*, 84, 243-255.

Casio, W, F.（1998）*Applied Psychology in Human Resource Management*（5th ed.）, Prentice Hall.

Conger, J, A. & Kanungo, R, N.（1987）"Toward a Behavioral Theory of Charismatic Leadership in Organizational Settings", *Academy of Management Review*, 12, 4, 637-647.

Conger, J, A. & Kanungo, R, N.（1989）*Charismatic Leadership: The Elusive Factor in Organizational Effectiveness*, Jossey-Bass（片柳佐智子・山村宜子・松本博子・鈴木恭子訳『カリスマ的リーダーシップ：ベンチャーを志す人の必読書』1999年，流通科学大学出版）.

Conway, N. & Briner, R, B.（2005）*Understanding Psychological Contracts at Work : A Critical Evaluation of Theory and Research*, Oxford University Press.

Cox, Jr, T.（1993）*Cultural Diversity in Organizations: Theory, Research & Practice*, Berrett-Koehler.

CRANET（2011）Cranet Survey on Comparative Human Resource Management.

Crouch, C. (2005) "Complementarity and Fit in the Study of Comparative Capitalism", in Morgan, G., Whitley, R. & Moen, E. (eds.) *Changing Capitalisms? Institutionalization, Institutional Change, and Systems of Economic Organization,* Oxford University Press.

Deal, T, E. & Kennedy, A, A. (1982) *Corporate Cultures : The Rites and Rituals of Corporate Cultures: The Rites and Rituals of Corporate Life,* Addison-Wesley Publishing Company（城山三郎訳『シンボリック・マネジャー』1983年，新潮社）.

Deanne, N., Hartog, D., Van, J., M. & Koopman, P, L. (1997) Transactional versus Transformational Leadership: An Analysis of the MLQ", *Journal of Occupational and Organizational Psychology,* 70,1, 19-34.

Doeringer, P, B. & Piore, M. J. (1975) *Internal Labor Markets and Manpower Analysis: With a New Introduction,* M.E.Sharpe（白木三秀監訳『内部労働市場とマンパワー分析』2007年，早稲田大学出版部）.

Dore, R, P. (1989) "Where We Are Now: Musings of an Evolutionist", *Work, Employment & Society,* 3, 4.

Erez, M. & Arad, R. (1986) "Participative Goal-Setting: Social, Motivational, and Cognitive Factors", *Journal of Applied Psychology,* 71, 591-597.

Erez, M. & Kanfer, F, H. (1983) "The Role of Goal Acceptance in Goal Setting and Task Performance", *Academy of Management Review,* 8, 454-463.

Farn, Jiing-Lin, Phillip, M., Podsakoff & Organ, D,W. (1990) "Accounting for Organizational Citizenship Behavior: Leader Fairness and Task Scope versus Satisfaction", *Journal of Management,* December, 705-721.

Fernandez, C, F. & Vecchio, R, P. (1997) "Situational Leadership Theory Revisited: A Test of an Across-Jobs perspective",*The Leadership Quarterly,* 8, 67-84.

Fiedler, F, E. (1967) *A Theory of Leadership Effectiveness,* McGraw-Hill.

Fiedler, F, E., Chemers, M, M. & Mahar, L. (1976) *Improving Leadership Effectiveness: The Leader Match Concept,* John Wiley & Sons（吉田哲子訳『リーダー・マッチ理論によるリーダーシップ教科書』1978年，プレジデント社）.

Fiedler, F,E. (1993) "The Leadership Situation and the Black Box in Contingency Theories" in M.M. Chemers & R. Ayman (eds.) *Leadership Theory and Research: Perspectives and Directions,* Academic Press.

Fowler, A. (1990) " Performance Management: The MBO of the '90s?", *Personnel Management,* July.

Fried, Y. & Ferris, G, R. (1987) "The Validity of the Job Characteristics Model: A Review and Meta-analysis", *Personnel Psychology,* 40, 287-322.

Gabarro, J, J. & Kotter, J. (1980) "Managing Your Boss", *Harvard Business Review,* 56, 1,

92-100.

Gardner W, L. & Avolio, B, J. (1998) "The Charismatic Relationship: A Dramaturigical Perspective", *Academy of Management Review*, 23, 32-58.

Gibson, J, L., Donnelly, Jr., J, H., Ivancevich, J, M. & Konopaske, R. (2003) *Organizations: Behavior, Structure, Processes* (11th ed.) McGraw-Hill.

Gibson, J, L., Ivancevich, J, M., Donnelly, Jr., J, H. & Konopaske, R. (2012) *Organizations: Behavior, Structure, Processes* (14th ed.), McGraw-Hill.

Graeff, C, L. (1983) "The Situational Leadership Theory: A Critical View", *Academy of Management Review*, 8, 285-291.

Graen, G. (2005) "Vertical Dyad Linkage and Leader-Member Exchange Theory", in J. B. Miner (ed.) *Organizational Behavior 1: Essential Theories of Motivation and Leadership*, M. E. Sharpe.

Graen, G., Orris, J, B. & Alvares, K, M. (1971) "Contingency Model of Leadership Effectiveness: Some Experimental Results", *Journal of Applied Psychology*, 55, 196-201.

Hackman, J,R. & Oldham, G,R. (1980) *Work Redesign*, FT Press.

Hersey, P., Blanchard, K, H. & Johnson, D, E. (2000) *Management of Organizational Behavior: Utilizing Human Resources* (7th ed.), Prentice Hall (山本成二・山本あづさ訳『入門から応用へ　行動科学の展開［新版］：人的資源の活用』2000年，生産性出版）.

Herzberg, F. (1967) *Work and the Nature of Man*, World Pub. Co. （北野利信訳『仕事と人間性：動機づけ－衛生理論の新展開』1968年，東洋経済新報社）.

Hofstede, G. (1980) *Culture's Consequences: Comparing Values, Behaviors, Institutions, and Organizations Across Nations*, SAGE Publications （萬成博・安藤文四郎監訳『経営文化の国際比較：多国籍企業の中の国民性』1984年，産業能率大学出版部）.

Hogg, M, A. (1992) *The Social Psychology of Group Cohesiveness: From Attraction to Social Identity*, Simon and Schuster （廣田君美・藤澤等監訳『集団凝集性の社会心理学：魅力から社会的アイデンティティへ』1994年，北大路書房）.

Holland, J, L. (1973) *Making Vocational Choices: A Theory of Vocational Personalities and Work Environments*, Psychological Assesment Centers （渡辺三枝子・松本純平・道谷里英訳『ホランドの職業選択理論：パーソナリティと働く環境』2013年，雇用問題研究会）.

House, R, J. & Mitchell, T, R. (1974) "Path-Goal Theory of Leadership", *Journal of Contemporary Business*, 3, 81-98.

House, R, J. (1971) "A Path Goal Theory of Leader Effectiveness", *Administrative Science Quarterly*, 16, 321-339.

House, R, J. (1996) "Path-Goal Theory of Leadership: Lessons, Legacy, and a Reformulated Theory", *The Leadership Quarterly*, 7, 323-352.

Huseman, R, C., Hatfield, J, D. & Miles, E. W.（1987）"A New Perspective on Equity Theory: The Equity Sensitivity Construct", *Academy of Management Review*, 12, 2.

Iallaldano, M,T., & Muchinsky, P,M.（1985）. "Job Satisfaction and Job Performance: A Meta-Analysis", *Psychological Bulletin*, 97, 251-273.

Ito, K.（1995）"Japanese Spinoffs: Unexplored Survival Strategies", *Strategic Management Journal*, 16, 431-446.

Ivancevich, J, M., Matteson, M, T., Freedman, S, M. & Phillips, J, S.（1990）"Worksite Stress Management Interventions", *American Psychologist*, 45, 2.

Ivancevich, J, M.（2004）*Human Resource Management*（9th ed.）, Irwin.

Jacoby, S.（2005）*The Embedded Corporation: Corporate Governance and Employment Relations in Japan and the United States*, Princeton University Press（鈴木良治・伊藤健市・堀龍二訳『日本の人事部・アメリカの人事部：日米企業のコーポレート・ガバナンスと雇用関係』2005年，東洋経済新報社）.

Janis, I, L.（1972）*Victims of Groupthink,* Houghton Mifflin.

Judge, T, A., Higgins, C, A., Thoresen, C, J. & Barrick, M, R.（1999）"The Big Five Personality Traits, General Mental Ability, and Career Success across the Life Span", *Personnel Psychology*, 52, 3, 621-652.

Judge, T, A., Thoresen, C, J., Bono, J, E. & Patton, G, K.（2001）"The Job Satisfaction-Job Performance Relationship: A Qualitative and Quantitative Review", *Psychological Bulletin*, 127, 3, 376-407.

Kalleberg, A, L.（2001）"Organizing Flexibility: The Flexible Firm in a New Century", *British Journal of Industrial Relations*, 39,4, 479-504.

Kaplan, M, F.（1987）"The Influencing Process in Group Decision Making", in C. Hendrick（ed.）, *Group Process*, SAGE Publications.

Katzenbach, J, R. & Smith, D, K.（1993）*The Wisdom of Teams: Creating the High-Performance Organizations*, Harvard Business Press（横山禎徳監訳・吉良直人訳『［高業績チーム］の知恵：企業を革新する自己実現型組織』1994年，ダイヤモンド社）.

Kinicki, A, J., McKee-Ryan, F, M., Schriesheim, C, A. & Carson, K, P.（2002）. "Assessing the Construct Validity of the Job Descriptive Index: A Review and Meta-Analysis", *Journal of Applied Psychology*, 87, 1, 14-32.

Kotter, J.（1982）*The General Managers*, Free Press（金井壽宏・加護野忠男・谷光太郎・宇田川富秋訳『ザ・ゼネラル・マネジャー：実力経営者の発想と行動』1984年，ダイヤモンド社）.

Kotter, J.（1995）"Leading Change: Why Transformation Efforts Fail" *Harvard Business Review*, March-April（「企業変革：八つの落とし穴」『ハーバードビジネスレビュー』

1995年7月号，ダイヤモンド社）．

Kotter, J.（1997）*Leading Change: An Action Plan from the World's Foremost Expert on Business Leadership*, Perseus Distribution Services（梅津祐良訳『企業変革力』2002年，日経BP社）．

Kotter, J.（1999）*On What Leaders Really Do*, Harvard Business School Press（黒田由貴子訳『リーダーシップ論：いま何をすべきか』1999年，ダイヤモンド社）．

Krumboltz, J, D. & Levin, A, S.（2004）*Luck Is No Accident: Making the Most of Happenstance in Your Life and Career*, Impact Publishers（花田光世・大木紀子・宮地夕紀子訳『その幸運は偶然ではないんです！：夢の仕事をつかむ心の練習問題』2005年，ダイヤモンド社）．

Latham, G, P. & Locke, E, A.（1979）"Goal Setting-A Motivational Technique That Works", *Organizational Dynamics*, Autumn.

Lawler, E, E. & Suttle, J, L.（1972）"A Causal Correlational Test of the Need Hierarchy Concept", *Organizational Behavior and Human Performance*, 7, April, 265-287.

Lazear, E, P.（1979）"Why is There Mandatory Retirement?", *Journal of Political Economy*, 87, 6.

Lazear, E, P.（1981）"Agency, Earnings Profiles, Productivity, and Hours Restrictions", *The American Economic Review*, 71, September.

Lazear, E, P.（1998）*Personnel Economics for Managers*, John Wiley（樋口美雄・清家篤訳『人事と組織の経済学』1998年，日本経済新聞社）．

Levinson, D, J.（1978）*The Seasons of a Man's Life*, Knopf（南博訳『ライフサイクルの心理学』［上］［下］1992年，講談社）．

Liberman, E., Levy, Y. & Segal, P.（2009）"Designing an Internal Organization System for Conflict Management Based on a Needs Assessment", *Dispute Resolution Journal*, 64, 2, 62-74.

Likert, R.（1961）*New Patterns of Management*, McGraw-Hill（三隅二不二訳『経営の行動科学：新しいマネジメントの探究』1964年，ダイヤモンド社）．

Lincoln, J, R. & Kalleberg, A, L.（1985）"Work Organization and Workforce Commitment: A Study of Plants and Employees in the U. S. and Japan", *American Sociological Review*, Vol.50, No.6, 738-760.

Locke, E, A.（1976）"The Nature and Causes of Job Satisfaction", in M. D. Dunnette（ed.）, *Handbook of Industrial and Organizational Psychology*,（Stokie II: Rand McNally, 1976）, 1297-1349.

Locke, E, A. & Henne, D.（1986）'Work Motivation Theories', in C. L. Cooper & I. Robertson（eds.）, *International Review of Industrial and Organizational Psychology*, Wiley.

Makin, P., Cooper, C. & Cox, C.（1996）*Organizations and the Psychological Contract*, Praeger.

Marques, J, M. & Paez, D.（1994）"The 'Black Sheep Effect : Social Categorization, Rejection of Ingroup Deviates, and Perception of Group Variability", in W. Stroebe & M. Hewstone（eds.）, *European Review of Social Psychology*, Vol. 5, 37-68.

Maslow, A, H.（1998）*Maslow on Management*, John Wiley and Sons（金井壽宏監訳・大川修二訳『完全なる経営』2001年，日本経済新聞社）.

Mathieu, J, E. & Zajac, D, M.（1990）"A Review and Meta-Analysis of the Antecedents, Correlates, and Consequences of Organizational Commitment", *Psychological Bulletin*, Vol.108, No.2, 171-194.

McClelland, D, C.（1962）"Business Drive and National Achievement", *Harvard Business Review*, July-August, 99-112.

McClelland, D, C.（1965）"Toward a Theory of Motive Acquisition", *American Psychologist*, 20, 321-333.

McCrae, R, R. & Costa, P, T.（1989）"The Structure of Interpersonal Traits: Wiggins's Circumplex and the Five-Factor Model", *Journal of Personality and Social Psychology*, 56, 4, 586-595.

Meyer, J, P. & Allen, N, J.（1991）"A Three-Component Conceptualization of Organizational Commitment", *Human Resource Management Review*, Vol.1, No.1, 61-89.

Meyer, J, P. & Allen, N, J.（1997）*Commitment in the Workplace : Theory, Research, and Application,* SAGE Publications.

Meyer, J, P., Paunonen, S, V., Gellatly, I, R., Goffin, R, D. & Jackson, D, N.（1989）"Organizational Commitment and Job Performance: It's the Nature of the Commitment that Counts", *Journal of Applied Psychology*, Vol. 74, No. 1, 152-156.

Meyer, J, P., Stanley, D, J., Herscovitch, L. & Topolnytsky, L.（2002）"Affective, Continuance, and Normative Commitment to the Organization: A Meta-analysis of Antecedents, Correlates and Consequences", *Journal of Vocational Behavior*, Vol. 61, 20-52.

Milkovich, G, T. & Newman, J, M.（2002）*Compensation*（7th ed.）, McGraw-Hill.

Mitchell, K, E., Levin, A, S. & Krumboltz, J, D.（1999）"Planned Happenstance: Constructing Unexpected Career Opportunities", *Journal of Counseling & Development*, 77, 2, 115-124.

Mitchell, T, R., Smyser, C, M. & Weed, S, E.（1975）"Locus of Control: Supervision and Work Satisfaction", *Academy of Management Journal*, 18, 623-631.

Mowday, R, T., Steers, R, M. & Porter, L, W.（1979）"The Measurement of

Organizational Commitment", *Journal of Vocational Behavior*, 14, 224-247.

Murray, R. & Mount, M, K.（1991）"The Big Five Personality Dimensions and Job Performance : A Meta-Analysis", *Personnel Psychology*, 44, 1, 1-26.

Myers, D, G. & Lamm, H.（1976）"The Group Polarization Phenomenon", *Psychological Bulletin*, 83, 602-627.

Neher, A.（1991）"Maslow's Theory of Motivation: A Critique", *Journal of Humanistic Psychology* 31, 89-112.

Newman, J, M., Gerhart, B. & Milkovich, G, T.（2017）*Compensation*（12th ed.）, McGraw-Hill.

Nicholson, N. & West M.（1990）*Managerial Job Change: Men and Women in Transition*, Cambridge University Press.

Nolen-Hoeksema, S., Fredrickson, B, L., Loftus, G, R. & Lutz, C.（2014）*Atkinson & Hilgard's Introduction to Psychology*（16th ed.）, Cengage Larning EMEA.

Ouchi, W, G.（1981）*Theory Z: How American Business Can Meet the Japanese Challenge*, Addison-Wesley Publishing（徳山二郎監訳『セオリーZ：日本に学び、日本を超える』1981年，CBS・ソニー出版）.

Parsons, F.（1909）*Choosing a Vocation*, Houghton Press.

Peters, T, J. & Waterman Jr., R, H.（1982）*In Search of Excellence: Lessons from America's Best-run Companies*, HarperCollins Publishers（大前研一訳『エクセレント・カンパニー：超優良企業の条件』1983年，講談社）.

Porter, L, W., Steers, R, M., Mowday, R, T. & Boulian, P, V.（1974）"Organizational Commitment, Job Satisfaction, and Turnover among Psychiatric Technicians", *Journal of Applied Psychology*, 59, 5, 603-609.

Quack, S., Morgan, G. & Whitley, R.（1999）*National Capitalisms, Global Competition, and Economic Performance*, John Benjamins Publishing.

Raelin, J, A.（2003）"The Myth of Charismatic Leaders", *Training and Development*, 47-54.

Renn, R, W. & Vandenberg, R, J.（1995）"The Critical Psychological States: An Underrepresented Component in Job Characteristics Model Research", *Journal of Management*, 21, 279-303.

Robbins, S, P.（2005）*Essentials of Organizational Behavior*（8th ed.）, Prentice-Hall（髙木晴夫訳『組織行動のマネジメント：入門から実践へ』2009年，ダイヤモンド社）.

Rogers, C, R.（1951）*Client-Centered Therapy*, Houghton-Mifflin.

Rogers, C, R.（1970）*On Becoming a Person: A Therapist's View of Psychotherapy*, Houghton-Mifflin.

Rogers, C, R.（1977）*Carl Rogers on Personal Power,* Delacorte Press（畠瀬稔・畠瀬直子

訳『人間の潜在力：個人尊重のアプローチ』1980年，創元社）．
Rotter, J, B.（1966）"Generalized Expectancies for Internal versus External Control of Reinforcement", *Psychological Monographs*, 1, 609.
Rousseau, D, M.（1995）*Psychological Contracts in Organizations: Understanding Written and Unwritten Agreements*, SAGE Publications.
Rousseau, D, M. & Schalk, R.（2000）*Psychological Contracts in Employment: Cross-National Perspectives*, SAGE Publications.
Ryan, R, M. & Deci, E, L.（2000）"Self-Determination Theory and the Facilitation of Intrinsic Motivation, Social Development, and Well-Being", *American Psychologist*, 55, 1, 68-78.
Ryan, R, M. & Deci, E, L.（2000）"Intrinsic and Extrinsic Motivations: Classic Definitions and New Directions", *Contemporary Educational Psychology*, 25, 54-67.
Sabini, J., Siepmann, M. & Stein, J.（2001）"Target Article: The Really Fundamental Attribution Error in Social Psychological Research", *Psychological Inquiry*, 12, 1-15.
Sankowsky, D.（1995）"The Charismatic Leader as Narcissist: Understanding the Abuse of Power", *Organizational Dynamics*, 23, 4, 57-71.
Schein, E, H.（1978）*Career Dynamics: Matching Individual and Organizational Needs*, Addison-Wesley Publishing（二村敏子・三善勝代訳『キャリア・ダイナミクス：キャリアとは、生涯を通しての人間の生き方・表現である。』1991年，白桃書房）．
Schein, E, H.（1985）*Organizational Culture and Leadership*, Jossey-Bass（清水紀彦・浜田幸雄訳『組織文化とリーダーシップ：リーダーは文化をどう変革するか』1989年，ダイヤモンド社）．
Schein, E, H.（1990）*Career Anchors: Discovering Your Real Values*, Jossey-Bass/Pfeiffer（金井壽宏訳『キャリア・アンカー：自分のほんとうの価値を発見しよう』2003年，白桃書房）．
Schein, E, H.（1995）*Career Survival: Strategic Job and Role Planning*, John Wiley & Sons（金井壽宏訳『キャリア・サバイバル：職務と役割の戦略的プラニング』2003年，白桃書房）．
Schneider, J. & Locke, E, A.（1971）"A Critique of Herzberg's Incident Classification System and a Suggested Revision", *Organizational Behavior and Human Performance*, 6, 4, 441-457.
Schriesheim C, A, & DeNisi, A.（1981）"Task Dimensions as Moderators of the Effects of Instrumental Leadership: A Two-Sample Replicated Test of Path-Goal Leadership Theory", *Journal of Applied Psychology*, 66, 5, 589-597.
Schriesheim, C, A., Tepper, B, J. & Tetrault, L, A.（1994）"Least Preferred Co-Worker Score, Situational Control, and Leadership Effectiveness: A Meta-Analysis of

Contingency Model Performance Predictions", *Journal of Applied Psychology*, 79, 4, 561-573.

Shartle, C, L. (1956) *Executive Performance and Leadership*, Prentice-Hall.

Sherif, M. & Sherif, C. (1969) *Social Psychology*, Harper & Row.

Skinner, B, F. (1938) *The Behavior of Organisms: An Experimental Analysis*, Appleton-Century-Crofts.

Skinner, B, F. (1971) *Beyond Freedom and Dignity*, Knopf.

Smith, P,C., Kendall, L. & Hulin, C. L, (1969) "The Measurement of Satisfaction in Work and Retirement: A Strategy for the Study of Attitudes", Rand McNally.

Soliman, H, M. (1970) "Motivation-Hygine Theory of Job Attitudes", *Journal of Applied Psychology*, 54, 5, 452-461.

Spangler, W, D. (1992) "Validity of Questionnaire and TAT Measures of Need for Achievement: Two Meta-Analyses", *Psychological Bulletin*, 112, 1, 140-154.

Spencer, L, M. & Spencer, S, M. (1993) *Competence at Work: Models for Superior Performance,* Wiley（梅津祐良・成田攻・横山哲夫訳『コンピテンシー・マネジメントの展開：導入・構築・活用』2001年，生産性出版）.

Staw, B,M. & Ross, J. (1985) "Stability in the Midst of Change: A Dispositional Approach to Job Attitudes", *Journal of Applied Psychology*, 70, 3, 469-480.

Steward, R. (1967) *Managers and Their Jobs,* Macmillan.

Stogdill, R, M. (1974) *Handbook of Leadership*, Free Press.

Stoner, J, A, F. (1961) "A Comparison of Individual and Group Decisions Involving Risk", Master's Theses, Sloan School of Management, MIT.

Stoner, J, A, F. (1968) "Risky and Cautious Shifts in Group Decisions: The Influence of Widely Held Values", *Journal of Experimental Social Psychology*, 4, 4, 442-459.

Suda, T. (2007) "Converging or Still Diverging? : A Comparison of Pay Systems in the UK and Japan", *International Journal of Human Resource Management*, Vol. 18, 4, 586-601.

Tajifel, H., Billig, M, G., Bundy, R, P. & Flament, C. (1971) "Social Categorization and Intergroup Behaviour", *European Journal of Social Psychology*, Vol. 1, 2, 149-178.

Taylor, F, W. (1911) *The Principles of Scientific Management,* Routledge-Thoemmes Press（有賀裕子訳『新訳 科学的管理法：マネジメントの原点』2009年，ダイヤモンド社）.

Teger, A, I. & Pruitt, D, G. (1967) "Components of Group Risk Taking", *Journal of Experimental Social Psychology*, 3, 2, 189-205.

Thomas, K, S. (1979) "Organizational Conflict" in Kerr, S. (ed.), *Organizational Behavior*, Grid.

Thomas, K.（1990）"Dimension of Personality", in Reth, I.（ed.）, *Introduction to Psychology*, Vol.1.

Tyson, S.（2006）*Essentials of Human Resource Management*（5th ed.）, Elsevier.

Vecchio, R.（1981）"An Individual-Differences Interpretaion of the Conflicting Predictions Generated by Equity and Expectancy Theory", *Journal of Applied Psychology*, 66, 4, 470-481.

Vecchio, R, P.（1995）*Organizational Behavior*（3rd ed.）, Dryden Press.

Vecchio, R, P.（2003）*Organizational Behavior: Core Concepts*（5th ed.）, Thomson Learning.

Vogel, E, F.（1979）*Japan as Number One: Lessons for America*, Harvard University Press（広中和歌子・木本彰子訳『ジャパン・アズ・ナンバーワン：アメリカへの教訓』1979年，TBSブリタニカ）．

Vroom, V, H.（1964）*Work and Motivation*, Wiley, New York（坂下昭宣・榊原清則・小松陽一・城戸康彰訳『仕事とモティベーション』1982年，千倉書房）．

Whitley, R.（2007）*Business Systems and Organizational Capabilities: The Institutional Structuring of Competitive Competences*, Oxford University Press.

Whyte, G. "Groupthink Reconsidered", *The Academy of Management Review*, Vol.14, No.1, 40-56.

Williamson, O, E.（1975）*Markets and Hierarchies*: *Analysis and Antitrust Implication,* Free Press（浅沼萬里・岩崎晃訳『市場と企業組織』1980年，日本評論社）．

Wood, J, D.（1999）（杉村雅人・森正人訳「組織行動学の重要性」『MBA全集：組織行動と人的資源管理』1999年，ダイヤモンド社）．

Yankelovich, D. & Immerwahr, J.（1983）*Putting the Work Ethic to Work*, Public Agenda Foundation.

稲上毅（2002）「出向・転籍という雇用慣行：終身雇用圏と外部市場化のはざまで」『日本労働研究雑誌』501, 57-59.

稲上毅（2003）『企業グループ経営と出向転籍慣行』東京大学出版会．

大里大助・高橋潔（2001）「わが国における職務満足研究の現状：メタ分析による検討」『産業・組織心理学研究』15, 55-64.

大沢武志・芝祐順・二村英幸（編）（2000）『人事アセスメントハンドブック』金子書房．

岡田昌毅（2007）「ドナルド・スーパー」渡辺三枝子編『新版　キャリアの心理学：キャリア支援への発達的アプローチ』ナカニシヤ出版．

小倉一哉（2013）『「正社員」の研究』日本経済新聞出版社．

柏木仁（2016）『キャリア論研究』文眞堂．

金井壽宏 (1991)『変革型ミドルの探求：戦略・革新指向の管理者行動』白桃書房.
金井壽宏 (1999)『経営組織』日本経済新聞社.
金井壽宏 (2002)『働くひとのためのキャリア・デザイン』PHP研究所.
金井壽宏 (2003)『キャリア・デザイン・ガイド：自分のキャリアをうまく振り返り展望するために』白桃書房.
金井壽宏 (2005)『リーダーシップ入門』日本経済新聞出版社.
金井壽宏・高橋潔 (2004)『組織行動の考え方：ひとを活かし組織力を高める9つのキーコンセプト』東洋経済新報社.
川喜多喬・岩村正彦・髙木晴夫・永野仁・藤村博之 (1997)『グループ経営と人材戦略』総合労働研究所.
黒田祥子 (2004)「解雇規制の経済効果」大竹文雄・大内伸哉・山川隆一編『解雇法制を考える：法学と経済学の視点 (増補版)』勁草書房.
小池和男 (1993)『アメリカのホワイトカラー：日米どちらがより実力主義か』東洋経済新報社.
小池和男 (1994)『日本の雇用システム：その普遍性と強み』東洋経済新報社.
厚生労働省「毎月勤労統計調査」
厚生労働省「労働組合基礎調査」
厚生労働省 (2016)「賃金センサス　平成28年賃金構造基本統計調査」
今野浩一郎 (1990)『人事管理入門』日本経済新聞社.
今野浩一郎・佐藤博樹 (2009)『人事管理入門 (第2版)』日本経済新聞出版社.
佐藤郁哉・山田真茂留 (2004)『制度と文化：組織を動かす見えない力』日本経済新聞社.
佐藤博樹・藤村博之・八代充史 (2011)『新しい人事労務管理 (第4版)』有斐閣.
清水勤 (1991)『ビジネスゼミナール　会社人事入門』日本経済新聞社.
下谷政弘 (1993)『日本の系列と企業グループ：その歴史と理論』有斐閣.
鈴木竜太 (2002)『組織と個人：キャリアの発達と組織コミットメントの変化』白桃書房.
須田敏子 (2004)『日本型賃金制度の行方：日英の比較で探る職務・人・市場』慶應義塾大学出版会.
須田敏子 (2005)『HRMマスターコース：人事スペシャリスト養成講座』慶應義塾大学出版会.
須田敏子 (2010)『戦略人事論：競争優位の人材マネジメント』日本経済新聞出版社.
須田敏子 (2013)「人材マネジメント」『流通業のためのMBA入門』ダイヤモンド社.
須田敏子 (編) (2015)『「日本型」戦略の変化：経営戦略と人事戦略の補完性から探る』東洋経済新報社.
総務省「労働力調査」

田尾雅夫（2003）『新版　組織の心理学』有斐閣．
高田朝子（2005）「組織文化」高木晴夫監修『組織マネジメント戦略』有斐閣．
高橋康二（2012）「限定正社員区分と非正規雇用問題」JILPT Discussion Paper12-3,1-53．
東京都（2016）「中小企業の賃金・退職金事情」
所由紀（2005）『偶キャリ。：「偶然」からキャリアをつくった10人』経済界．
永野仁（1989）『企業グループ内人材移動の研究：出向を中心とした実証分析』多賀出版．
永野仁（1996）『日本企業の賃金と雇用：年俸制と企業間人材配置』中央経済社．
仁田道夫（2008）「雇用の量的管理」仁田道夫・久本憲夫（編）『日本的雇用システム』ナカニシヤ出版．
日本生産性本部「日本的雇用・人事の変容に関する調査」
濱口桂一郎（2011）『日本の雇用と労働法』日本経済新聞出版社．
平野光俊（2009）「内部労働市場における雇用区分の多様化と転換の合理性：人材ポートフォリオ・システムからの考察」『日本労働研究雑誌』586, 5-19．
藤井宏一（2007）「OECDにおける雇用保護法制に関する議論について」『Business Labor Trend』2007.7, 26-33．
二村敏子（編）（2004）『現代ミクロ組織論：その発展と課題』有斐閣．
宮城まり子（2002）『キャリアカウンセリング』駿河台出版社．
宗方比佐子・渡辺直登（編）『キャリア発達の心理学：仕事・組織・生涯発達』川島書店．
八代充史（2002）『管理職層の人的資源管理：労働市場的アプローチ』有斐閣．
山本眞理子・外山みどり・池上知子・遠藤由美・北村英哉・宮本聡介（編）（2001）『社会的認知ハンドブック』北大路書房．
横山敬子（2004）「組織とストレス」二村敏子編『現代ミクロ組織論：その発展と課題』有斐閣．
横山敬子（2005）「ストレスとメンタルヘルス」馬場昌雄・馬場房子監修『産業・組織心理学』白桃書房．
労政時報（2003）　第3568号（1月3日号）
労働政策研究・研修機構（1998）『国際比較：大卒ホワイトカラーの人材開発・雇用システム：日、米、独の大企業(2)アンケート調査編』
労働政策研究・研修機構（2006）「現代日本企業の人材マネジメント：プロジェクト研究〈企業の経営戦略と人事処遇制度等の総合的分析〉　中間とりまとめ」『労働政策研究報告書　No.61』
労働政策研究・研修機構（2017）『データブック国際労働比較2017』
労務行政研究所（1996）「職能資格制度に関する調査」
労務行政研究所（2009）「早期退職優遇制度・希望退職制度、転身支援施策に関する

実態調査」
労務行政研究所（2010）「人事労務管理状況実態調査」
労務行政研究所（2010）「昇進・昇格、降格に関する実態調査」
労務行政研究所（2016）「モデル賃金・賞与実態調査」
渡辺三枝子（2007）「ジョン・ホランド：環境と相互作用によるキャリア行動の発達」渡辺三枝子（編著）『新版　キャリアの心理学：キャリア支援への発達的アプローチ』ナカニシヤ出版.

【著者紹介】
須田敏子（すだ・としこ）

青山学院大学大学院国際マネジメント研究科教授。専門は人材マネジメント、組織行動、国際経営比較。日本能率協会グループで月刊誌「人材教育」編集長等を歴任後、英国に留学。リーズ大学で修士号（MA in Human Resource Management）、バース大学で博士号（Ph.D.）を取得。著書に『日本型賃金制度の行方：日英の比較で探る職務・人・市場』『HRMマスターコース：人事スペシャリスト養成講座』（以上、慶應義塾大学出版会）、『戦略人事論：競争優位の人材マネジメント』（日本経済新聞出版社）、『「日本型」戦略の変化：経営戦略と人事戦略の補完性から探る』（編著、東洋経済新報社）、『流通業のためのMBA入門：リーダーに求められる視点を学ぶ』（共著、ダイヤモンド社）などがある。

組織行動　理論と実践

2018年3月22日　初版第1刷発行
2022年4月28日　初版第4刷発行

著者	須田敏子
発行者	東明彦
発行所	NTT出版株式会社
	〒108-0023
	東京都港区芝浦3-4-1 グランパークタワー
	営業担当：Tel. 03-5434-1010
	Fax. 03-5434-0909
	編集担当：Tel. 03-5434-1001
	https://www.nttpub.co.jp/
デザイン	米谷豪
印刷・製本	株式会社 光邦

ISBN 978-4-7571-2370-0 C0034
©SUDA Toshiko 2018　Printed in Japan

乱丁・落丁本はおとりかえいたします。
定価はカバーに表示しています。